POLYGLOTT-REISEFÜHRER

Spessart
Rhön

*mit 20 Illustrationen
sowie 16 Karten und Plänen*

POLYGLOTT-VERLAG

MÜNCHEN

Herausgegeben von der Polyglott-Redaktion
Verfasser: Peter Borg und Dr. Wolfgang Hauke
unter Mitarbeit der Polyglott-Redaktion
Zeichnungen: Vera Solymosi-Thurzó
Karten und Pläne: Franz Huber und Gert Oberländer
Umschlag: Toni Blank

★

Wir danken dem Gebiet Ferienland Main-Spessart und Fränkisches Weinland sowie
dem Gebiet Rhön im Fremdenverkehrsverband Franken e.V. für die uns bereitwillig
erteilten Hinweise und Informationen.

Ergänzende Anregungen, für die wir jederzeit dankbar sind,
bitten wir zu richten an:
Polyglott-Verlag, Redaktion, Postfach 40 11 20, 8000 München 40.

Alle Angaben (ohne Gewähr) nach dem Stand Februar 1982.

★

Zeichenerklärung:

🚹 Informationen
🚋 Eisenbahnverbindungen 🚌 Autobusverbindungen
🚢 Schiffsverbindungen 🚠 Bergbahnen
🏨 Erstklassige Hotels 🏨 Gute Hotels
🏠 Einfache Hotels und Pensionen
⚠ Jugendherbergen ⛺ Campingplätze
🏊 Hallenbäder ⚓ Freibäder

Die im Text bei Sehenswürdigkeiten in eckige Klammern gesetzten Ziffern decken sich
mit den auf den jeweiligen Plänen angegebenen Ziffern. Kilometerangaben hinter
Ortsnamen zeigen die Entfernung vom Beginn der jeweiligen Route aus an.

★

Wertung der Sehenswürdigkeiten:

*** kennzeichnen Sehenswürdigkeiten ersten Ranges. Sie aufzusuchen, ist eine
eigene Reise wert.
** kennzeichnen bedeutende Landschaften, Orte, Gebäude oder Kunstwerke. Um sie
zu sehen, lohnt sich ein Umweg.
* kennzeichnen sehenswerte Objekte, die man in einem Land, in einem Ort oder an
einem Gebäude beachten soll.

★

Erste Auflage 1982/83
© 1982 by Polyglott-Verlag Dr. Bolte KG, München
Printed in Germany / Druckhaus Langenscheidt, Berlin / L,w. II. Zu.
ISBN 3-493-60632-X

Auf der Wasserkuppe, dem Berg der Segelflieger

Land und Leute

"Vor vielen Jahren, als im Spessart die Wege noch schlecht und nicht so häufig befahren waren, zogen zwei junge Burschen durch diesen Wald ... Der Abend war schon heraufgekommen, und die Schatten der riesengroßen Fichten und Buchen verfinsterten den schmalen Weg, auf dem die beiden wanderten. Der Zirkelschmied schritt wacker vorwärts und pfiff ein Lied ... Aber Felix, der Goldarbeiter, sah sich oft ängstlich um ... Man hatte ihm vom Spessart so mancherlei erzählt. Eine große Räuberbande sollte dort ihr Wesen treiben, viele Reisende waren in den letzten Wochen geplündert worden, ja man sprach sogar von einigen greulichen Mordgeschichten, die vor nicht langer Zeit dort vorgefallen seien." Mit diesen Sätzen beginnt Wilhelm Hauffs Märchen vom Wirtshaus im Spessart. Als der Dichter aber selbst 1826 den Spessart bereiste, gab es dort keine Räuber mehr.

Auch der Wanderer unserer Tage braucht sich im Spechtheshart, dem Spechtswald, vor Räubern nicht mehr zu fürchten. Er genießt vielmehr die Tiecksche "Waldeinsamkeit", die wir der Passion der Mainzer Erzbischöfe, den ehemaligen, unumschränkten Herren des Waldes, zu verdanken haben. Sie untersagten ihren Untertanen strengstens, "unsern walt, den Spechtshart, der nit das geringst unser und unsern stifts Maintz cleinot ist, dermaßen verwüsten zu lassen." Noch heute ist der Spessart eines der größten zusammenhängenden Waldgebiete Deutschlands. Auf seine mächtigen Eichen, die selbst die eingedrungene Buche nicht auszurotten vermochte, treffen Hölderlins Verse zu: „... Und ihr drängt euch fröhlich und frei, aus der kräftigen Wurzel,/ Unter einander herauf und ergreift, wie der Adler die Beute,/Mit gewaltigem Arme den Raum, und gegen die Wolken/Ist euch heiter und groß die sonnige Krone gerichtet..."

Ganz anders geartet ist das Lied des Minnesängers Otto von Bodenlauben (1177–1244) aus dem gefürsteten Geschlecht derer von Henneberg, Rhöner Uradel, der da singt: „Ich hân erwelt mir selbe süezen kumber,/der mir ie·gât vor aller bluomen schîn." (Ich selbst habe mir süßen Kummer erwählt, den ich dem Leuchten aller Blumen vorziehe.) Anders ist auch die Rhönlandschaft. Ihr Charakter schwankt zwischen blumigen Wiesen und weiten Feldern, lieblichen Tälern und rauhen Höhen mit freien und bewaldeten Kuppen, ein Bergland, dem keltischen Namen: roino, entsprechend.

3

Lage, Grenzen, Größe

Die Grenzen des *Spessarts* sind deutlich mit dem Merkvers umschrieben: „Kinzig, Sinn und Main, schließen all den Spessart ein." Der Spessart nimmt ziemlich genau das Gebiet des Mainvierecks ein. Der *Vorspessart* zwischen Aschaffenburg und Hanau erstreckt sich als stark gegliedertes und dicht besiedeltes Hügelland bis Gelnhausen. Den sich ostwärts anschließenden *Hochspessart* begrenzt sowohl im Süden wie im Westen und Osten der Main. Von den 1300 km² des Spessarts gehören etwa zwei Drittel zu Bayern, der Rest zu Hessen.

Schwieriger faßbar sind die Grenzen der *Rhön*. Hier gelten die Linien Hünfeld – Tann als nördliche, Fulda – Bad Brückenau als westliche, Hammelburg – Bad Kissingen als südliche und Münnerstadt – Bad Neustadt – Mellrichstadt als östliche Begrenzung. Die Sinn trennt die Rhön vom Spessart, die Fliede und die obere Fulda trennen sie vom Vogelsberg. Der Seulingswald begrenzt die Rhön im Norden Halt. Auf dem Gebiet der DDR trennt die Werra die Rhön vom Thüringer Wald. Die Rhön umfaßt 3300 km². Davon gehören die Nordost-Teile mit den Orten Meiningen, Kalten-Nordheim, Bad Salzungen und Vacha zur DDR. Der hier behandelte weitaus größere bundesdeutsche Anteil der Rhön mit Südrhön, Kuppiger und Hoher Rhön entfällt auf die Bundesländer Hessen und Bayern.

Bodengestalt, Gewässer

Die Buntsandsteinschichten des *Spessarts* ruhen auf kristallinem Grundgebirge (Gneis, Glimmerschiefer). Im *Hahnenkamm* (436 m) des *Vorspessarts* zwischen Aschaffenburg und Hanau tritt es zutage. Das wellige Buntsandstein-Plateau des *Hochspessarts* wird durch die tief eingeschnittenen Täler von *Main, Kinzig, Sinn, Kahl, Bieber, Jossa* und andere in breite Rücken gegliedert und hat seine höchste Erhebung im *Geyersberg* (586 m).

Buntsandstein- und Muschelkalkschichten finden sich auch in der *Rhön*, doch wurden diese Schichten im Tertiär an vielen Stellen von Ergüssen vulkanischen Eruptivgesteins durchbrochen: von Basalten und Phonolithen. Das harte Vulkangestein hielt der späteren Abtragung besser stand als die weichen Muschelkalk- und Sandsteinschichten. Diese treten heute in den Tallandschaften von *Fränkischer Saale, Fulda, Brend* und *Streu* zutage, während die Hochflächen und Berge der *Hohen* und *Kuppigen Rhön* von vulkanischem Tiefengestein geprägt werden.

Höchste Erhebung der Rhön ist die *Wasserkuppe* mit 950 m. Der aussichtsreiche *Kreuzberg* erreicht 928 m.

Klima

Den *Spessart* kennzeichnet ein gemäßigt ozeanisches Klima mit kühlen Sommern und mäßig kalten Wintern. In Höhenlagen von 200–600 m betragen die durchschnittlichen Temperaturen im Januar zwischen − 2° und 0° C, im Juli zwischen 15,5° und 17,5°; das ergibt ein Jahresmittel von 6–7°. Auf den Höhen ist es naturgemäß kälter als in den Tälern, wo auch der Frühling eher seinen Einzug hält (im Maintal 14 Tage früher als im Hochspessart). Die Niederschlagsmengen im Maintal betragen zwischen 650–750 mm im Jahr; im Hochspessart sind es über 1000 mm, wovon 20 % als Schnee fallen. In den waldreichen Höhenlagen ist die Luft staubfrei und sauerstoffreich.

Das Klima im Gebirgsland der *Rhön* ist rauher, fehlen hier doch die größeren geschlossenen Waldgebiete, eine Folge der starken Abholzung in früherer Zeit. Die jährliche Niederschlagsmenge beträgt durchschnittlich 660 mm, auf der Wasserkuppe allerdings bis 1300 mm. Strenge Winter bringen viel Schnee und machen die Rhön zum idealen Skigebiet.

Pflanzen- und Tierwelt

Viele Naturschutzgebiete schützen die artenreiche Pflanzen- und Tierwelt in der *Rhön*. So findet man im Großen, Kleinen und Schwarzen Moor in der Hochrhön, im Bibertal, am Pferdskopf und auf der Milseburg, an der Ulsterquelle und im Kesselrain Seidelbast, Küchenschelle und Knabenkraut, Türkenbund, Akelei, Fingerhut, Frauenschuh und Schachblume, den fleischfressenden Sonnentau, Aronstab und Arnika, Trollblume und Moorheidelbeere, Enzian und Silberdistel (die Symbolpflanze der Rhön). Rot- und Weißbuchen wichen in den vergangenen Jahrzehnten da und dort Kiefern- und Fichtenbeständen. Über die Moore schwirrt die Bekassine (Sumpfschnepfe) und vereinzelt Hasel- und Birkhuhn. Im Dunkel der Nacht geistert der Ziegenmelker (Nachtschwalbe). Der Rote Milan späht nach Beute.

Im *Spessart* wachsen die ältesten Eichen Deutschlands, manche sind mehr als 900 Jahre alt. Hier drängte die Buche seit Jahrhunderten die Eiche zurück. Die riesigen Laubwälder sind ein Dorado für Beeren- und Pilzsammler: Heidel-, Him-, Brom- und Preiselbeeren, Stein-, Butter-,

4

Semmelpilz, Pfifferling und Champignon sind hier zu finden. Im Frühsommer leuchtet da und dort das Gelb des Besenginsters auf, im Herbst das Violett der Heide. Empfehlenswerte Lehrpfade (wie Bellinger Berg, Freigericht, Langer See, Bildbuche, Himmelthal und Honiggrund) durchziehen den Spessart. Einst waren Bär, Luchs und Wolf, Elch und Wisent hier heimisch, heute ist vor allem die Jagd auf Wildschwein und Rothirsch geschätzt.

Alle Arten von Spechten (ihnen verdankt der Spessart seinen Namen) und viele Singvögel nisten hier. Das heisere Krächzen des Eichelhähers tönt durch den Wald. Mäusebussard und Hühnerhabicht, Roter Milan und Sperber kreisen in den Lüften. Dachs, Fuchs und Marder sorgen für eine natürliche Auswahl der Arten. In den klaren Gebirgsbächen tummeln sich Forellen.

Bevölkerung

Die Bewohner des Spessarts sind Franken. Im 6. Jahrhundert drang dieser Volksstamm vom Rhein her in das von Alemannen bewohnte Maingebiet vor und verschmolz mit ihnen. Franken, Hessen und Thüringer bilden dagegen die Bevölkerung der Rhön. Nach dem zweiten Weltkrieg fanden viele Heimatvertriebene in Spessart und Rhön eine neue Heimat. Die Bevölkerung des Spessarts und der Rhön ist vorwiegend römisch-katholisch.

Sprache

Fränkisch wird sowohl im Spessart als auch in der Rhön (hier im nordwestlichen Bereich etwas hessisch gefärbt) gesprochen. Das Fränkische überlagerte das ursprünglich Alemannische. Im Unterschied zum Hochdeutsch wird beispielsweise klein = klee gesprochen, für Nachmittag sagt man Unnern, für Peitsche Geißel, für Ziege Gaaß.

Wirtschaft und Verkehr

Glasmacher werden im Spessart bereits 1394 bezeugt. Holz, Sand und Wasser zur Glasherstellung waren ausreichend vorhanden. Durch die *Glasindustrie* wurde nach und nach auch der Hochspessart besiedelt. Doch die Glashütten erwiesen sich als unrentabel: im 18. und 19. Jahrhundert schlossen die meisten Betriebe. Das gilt auch für die seit dem 17. Jahrhundert gegründeten Eisenhämmer zur Ausnutzung der Wasserkraft.

Ein alter Erwerbszweig des Spessarts ist das *Fuhrwesen*, die Holzabfuhr mit Pferdegespannen. Die Fuhrmannszunft von Frammersbach war berühmt in deutschen Landen. Auch der *Bergbau* auf Kupfer und Kohle blühte.

Zu den alten Gewerben der Rhön zählen *Weberei* und *Holzschnitzerei* (Schnitzschule von Bischofsheim).

Wirtschaftliche Zentren unseres Reisegebietes sind heute Aschaffenburg, Würzburg, Fulda, Lohr, Bad Neustadt und andere. Zu den bedeutenden Industriezweigen zählen *holzverarbeitende, Zellstoff-* und *Bekleidungsindustrie* sowie die Herstellung *feinmechanischer Werkzeuge.* In der Rhön spielen zudem *Basaltindustrie* und *Kalibergbau* eine große Rolle.

Vor allem in den Flußtälern und am Gebirgsrand liegen die von der *Landwirtschaft* genutzten Flächen, denn Hochspessart (weite Waldgebiete) und Hohe Rhön (karge Böden) bringen sie wenig geeignet landwirtschaftlichen Erträgen. Im Spessart-Main-Gebiet gedeiht der gute *Frankenwein,* der in Bocksbeuteln abgefüllt wird. In den Mainhäfen wickelt sich ein reger *Frachtverkehr* ab.

Zur Verkehrserschließung von Spessart und Rhön trugen im vorigen Jahrhundert vornehmlich die *Eisenbahnlinien* bei, in unserem Jahrhundert sind es die *Autobahnen* und *Ferienstraßen.*

Einen enormen Aufschwung nahm in den letzten Jahrzehnten der *Fremdenverkehr.* Im Spessart stehen dem Wanderer rund 5000 km Fern- und Rundwanderwege zur Verfügung. Auch die Rhön bietet ein enges Netz von Wanderwegen.

Brauchtum

Kirchweihfeste und *Winzerfeste* mit Trachtenumzügen gehören zum Brauchtum des Main-Spessart-Gebietes. In der Karwoche begeht Lohr seine *Bilderprozession,* im September Miltenberg am Main seine *Michelsmeß,* am zweiten Sonntag im September Kreuzwertheim sein weithin beliebtes *Quätschich-Fest* (Zwetschgen-Fest).

Der 1876 gegründete Rhönklub pflegt auch das Brauchtum. Jeder Rhönort feiert noch heute seine *Kirmes,* das Kirchweihfest. Ein schöner Brauch ist das *Singen am Dreikönigstag.* Am „Hutzelsonntag" werden auf vielen Kuppen der Rhön *Frühlingsfeuer* entfacht, ein alter heidnischer Brauch. Von den traditionellen Rhöner Trachten blieb jedoch nur wenig erhalten.

Geschichtlicher Überblick

Um 10 000 v. Chr. in der *jüngeren Altsteinzeit* (Jungpaläolithikum) leben im Spessart-Rhön-Gebiet umherschweifende Sammler und Jäger in Familiengemeinschaften zusammen.

Um 4000 v. Chr., mit dem Beginn der *Jungsteinzeit* (Neolithikum), erst beginnt der Mensch seßhaft zu werden, setzt der Anbau von Feldfrüchten und das Züchten von Haustieren ein.

1.–3. Jahrhundert n. Chr. Zahlreiche Spuren hinterlassen die *Römer* im Gebiet von Main, Spessart und Rhön. Den Limes, die Grenze zwischen der römischen Provinz Germania superior und dem freien Germanien, bildet zwischen Groß Krotzenburg (südlich von Hanau) und Miltenberg der Main. Spätestens 259/60 verlassen die Römer das Land.

6.–9. Jahrhundert n. Chr. Seit der *Merowingerzeit* – stärker noch zur Karolingerzeit – dringt das Christentum unaufhaltsam in den Spessart-Rhön-Raum vor. 686 predigt *Kilian*, der Apostel der Franken, in Würzburg das Christentum. Auf dem Aschberg der Rhön, dem heutigen Kreuzberg, soll er das erste Kreuz errichtet haben. 744 gründet *Sturmius*, ein Schüler des Bonifatius, das Kloster Fulda. Würzburg und Fulda werden bedeutende Missionszentren.

11.–12. Jahrhundert. Der Spessart kommt nach und nach in die Hände von Klöstern und Stiften. Als weltliche Herren treten die *Grafen von Rieneck, von Wertheim* und *von Hanau* in Erscheinung. In den Besitz der Rhön teilen sich die *Bischöfe von Würzburg*, die *Äbte von Fulda* und mehrere Adelsgeschlechter wie die *Grafen von Henneberg* und *von Rieneck*, die *Herren von Thüngen, von Trimberg, von Haselstein* und *von der Tann*.

Kaiser *Friedrich I. Barbarossa* (1152–1190) gründet die Kaiserpfalz in Gelnhausen. 1180 und 1186 finden in Gelnhausen bedeutende Reichstage statt.

1524–1525 Der *Bauernkrieg* gegen die Ausbeutung durch Adel und Geistlichkeit hat in den fränkischen Rittern *Florian Geyer* und *Götz von Berlichingen* bedeutende Führer. Beim Sturm auf die Festung Würzburg scheitert das Bauernheer. Bei Königshofen an der Tauber wird es von den Truppen des Würzburger Bischofs vernichtend geschlagen.

Um 1530 Durch Vermittlung der Reichsritterschaft findet die *Reformation* Eingang in Spessart und Rhön. *Eberhard von der Tann* ist ein persönlicher Freund Luthers.

Um 1580 Die *Gegenreformation* findet eifrige Verfechter im Würzburger Fürstbischof *Julius Echter* und im Fuldaer Fürstabt *Balthasar von Dermbach*.

1631–1634 Der *Dreißigjährige Krieg* bringt schwedische Besatzung. Die Schrecken dieses Krieges schildert der 1622 in Gelnhausen geborene *Hans Jakob Christoffel von Grimmelshausen* in seinem Roman „Der abenteuerliche Simplicissimus Teutsch" (1669).

1737 wird in *Bad Kissingen* die Rokoczy-Quelle entdeckt. Damit beginnt der Aufstieg des Heilbades zum Weltbad.

1756–1763 Der *Siebenjährige Krieg* bringt vor allem den Städten Fulda, Brückenau, Hammelburg und Hünfeld neue Not.

1803 Der *Reichsdeputationshauptschluß von Regensburg* führt zur Aufhebung aller geistlichen Fürstentümer.

1815 Auf Beschluß des *Wiener Kongresses* kommen alle Kurmainzer und Würzburger Teile des Spessarts an Bayern. Die Rhön fällt außer dem Kreis Gersfeld, der bayerisch wird, zunächst an Preußen, dann mit den Kreisen Fulda und Hünfeld an das Großherzogtum Hessen, mit den Ämtern Geisa und Dermberg an das Großherzogtum Sachsen-Weimar.

1866 Im *Frieden von Berlin* muß Bayern die Bezirksämter Bad Orb und Gersfeld an Preußen abtreten.

1911 werden auf der 950 m hohen *Wasserkuppe*, der höchsten Erhebung der Rhön, erste Gleitflugversuche angestellt.

1939–1945 Im Zweiten Weltkrieg sind vor allem *Würzburg, Aschaffenburg* und *Hanau* Ziel schwerer Luftangriffe.

1949 werden die westdeutschen Länder Bayern und Hessen Bestandteil der Bundesrepublik Deutschland, Thüringen wird Teil der DDR.

1972 Eine Gebietsreform vermindert in Bayern und Hessen die Zahl der Landkreise.

Kunst und Kultur

Die frühesten Werke reinen Kunsthandwerks tauchen in den Gebieten von Spessart und Rhön erst in der Bronze- und Eisenzeit auf, einsetzend um etwa 1600 v. Chr. In *Ostheim vor der Rhön* wurde in einer Sandgrube eine *Frühlatène-Maskenfibel* gefunden, die zu den ausdrucksvollsten Stücken ihrer Art zählt.

Ältester Träger abendländischer Kultur im Spessart-Rhön-Bereich war das *Kloster Fulda*. Von der Bedeutung seiner Schreiberschule zeugen zahlreiche *Buchmalereien* aus dem 9. und 10. Jahrhundert.

Ein karolingisches Baudenkmal ist die 822 vollendete *Michaelskapelle* in *Fulda*, ein Werk des Baumeister-Mönches Rachulf. Die aus dieser Zeit erhaltene Krypta, ein Rundbau mit acht Säulen, eine Nachbildung der Grabeskirche in Jerusalem, ist eines der ältesten Kirchenbauwerke auf deutschem Boden. Die Oberkirche stammt aus dem 11. Jahrhundert. Auch die ehemalige *Benediktinerabtei* in *Schlüchtern* besitzt noch eine Krypta aus karolingischer Zeit.

Aus romanischer Zeit stammt die auf der Kinziginsel gelegene *Kaiserpfalz* in *Gelnhausen*. Sie war wohl schon zum Reichstag des Jahres 1180 fertiggestellt und beeindruckt heute noch als Ruine. Höhepunkt mittelalterlicher profaner Baukunst ist die Schauseite des Palas. Über Säulenpaaren mit reich verzierten Kapitellen wölben sich Arkadenbogen. Kunstvoll ornamentiert ist der Kleeblattbogen des Portals mit seinen zierlichen Gewändesäulchen.

Das *Romanische Haus* in *Gelnhausen* ist das älteste erhaltene deutsche Rathaus. Es war im 12. Jahrhundert Sitz der kaiserlichen Schultheißen.
Romanisch ist auch das Langhaus der *Stiftskirche St. Peter und Alexander* in *Aschaffenburg*. Das Bogenfeld des spätromanischen Westportals zeigt Christus mit den beiden Stiftspatronen.

Ostheim vor der Rhön besitzt eine stattliche *Kirchenburg* aus der ersten Hälfte des 15. Jahrhunderts, eine der schönsten Deutschlands. Eine Doppelmauer mit vier Ecktürmen umgibt die gedrungene spätgotische Kirche, die schon einen Vorgängerbau hatte. In Kriegszeiten suchten die Bewohner der Stadt den Schutz der trutzigen Wehranlage. Vorratshäuser entlang der inneren Mauer halfen den Eingeschlossenen auch eine längere Belagerung zu überstehen.

Die *St. Martinskirche* in *Bad Orb* bewahrt ein kostbares Stück altdeutscher Tafelmalerei: die „Kreuzigung" des Meisters der Darmstädter Passion. Der Altaraufsatz ist ein Hauptwerk der mittelrheinischen Malerei des beginnenden Realismus um 1440. Die Kreuzigungsszene schildert das Erleben von Golgatha in mehreren eindringlichen Gruppen, alles überragend die Kreuzigungsgruppe mit Christus und den beiden Schächern.

Ein Meisterwerk höchsten Ranges bewahrt die *Stiftskirche* in *Aschaffenburg:* die Predella mit der „Beweinung" von Mathis Gothart Nithart, genannt Grünewald. Die Beweinung ist eines der letzten Werke des bedeutenden Malers, entstanden um 1525. Die schmale, aber lange Holztafel zeigt den toten liegenden Christus, das dornengekrönte Haupt zur Seite geneigt, Augen und Mund geschlossen. Grell hebt sich das Weiß des Lendentuches vom grünlich-fahlgrauen Fleischton des Körpers ab.

Die *Stadtpfarrkirche* in *Münnerstadt* birgt in ihrem hochgotischen Chor prachtvolle Glasmalereien. Sie entstanden zwischen 1410 und 1450. Sie stellen u. a. Szenen aus der Passion, das Pfingstwunder und Bege-

Der heilige Kilian

benheiten aus dem Leben der hl. Elisabeth und der hl. Magdalena dar. Zu den Hauptwerken deutscher spätgotischer Schnitzkunst zählt der Magdalenenaltar von Tilman Riemenschneider. Leider ist das Frühwerk des Meisters, entstanden zwischen 1490 und 1492, nicht mehr vollständig. Teile davon befinden sich in Museen in München und Berlin. Erhalten blieben die Figuren der beiden Johannes', Figuren des Gesprenges und der sogenannte Gnadenstuhl. Bei dieser Darstellung hält Gottvater, den Vesperbildern (Pietà) gleich, den toten Sohn in seinen Armen. Kunstgeschichtlich höchst bemerkenswert sind die Flügelgemälde von Veit Stoß, der sonst nur als bedeutender Bildhauer bekannt ist. Die zwei Tafeln schildern Begebenheiten aus dem Leben des hl. Kilian, des Frankenapostels. Auf dem einen Tafelbild fordert der Heilige, in bischöflicher Tracht, den fränkischen Herzog Gozbert auf, von seiner unrechtmäßigen Verbindung mit seiner Schwägerin Gailana abzulassen. Das andere Flügelgemälde stellt die Bestrafung der Mörder des Heiligen und die Entführung der Anstifterin zum Mord durch den Teufel, in der Gestalt eines Drachens, dar.

Die Renaissance ist in unserem Reisegebiet glanzvoll vertreten mit dem *Schloß Johannisburg* in *Aschaffenburg*, der Residenz der Mainzer Kurfürsten. Es ist die erste planmäßige Schloßanlage in diesem aus Italien kommenden Baustil in Deutschland, erbaut von 1605–1616 von dem Festungsbaumeister Georg Ridinger. Der nach Kriegszerstörungen wiederhergestellte Bau beeindruckt durch die auf überladenen Zierat verzichtende Verhaltenheit seiner Fassaden und Türme. Im Gegensatz dazu stehen Kanzel und Hochaltar in der Schloßkirche, Werke von Hans Juncker. Sie quellen über in üppigen Formen.

Noch eine Schloßanlage aus dieser Zeit ist erwähnenswert: *Schloß Mespelbrunn,* inmitten eines verwunschenen Weihers, verborgen in der Waldeinsamkeit des Spessarts. Aus einer Wasserburg am Mespelborn vom Anfang des 15. Jahrhunderts, im Besitz des kurmainzischen Forstmeisters Hamann Echter, schuf ein Nachfahre, Peter Echter, das malerische Wasserschloß. Über dem Eingang zum Treppenturm ließ er sich, zusammen mit seiner Frau, in den roten Sandstein meißeln. Das geschah im Jahre 1551. Sein berühmter Sohn, Julius Echter von Mespelbrunn, herrschte als Fürstbischof von Würzburg während der Jahre 1573–1617 im Lande. Entlang des Mains ließ er eine Anzahl von Bauten errichten, deren ei-

genwillige Stilmerkmale man als Juliusstil bezeichnet. Eine solche Schöpfung im Juliusstil ist das 1576 von Fürstbischof Julius Echter gestiftete bekannte *Juliusspital* in *Würzburg.*

Würzburg ist die deutsche Barockstadt par excellance. Schönstes Beispiel ist die *Residenz.* Idee und Plan sowie das prachtvolle Treppenhaus und die Hofkirche sind Leistungen des genialen Barockbaumeisters Balthasar Neumann. Der Aufriß der Flügelfronten, des Ehrenhofes und der Gartenseite stammen von dem kongenialen Lukas von Hildebrandt, den Kurfürst Lothar Franz von Schönborn schon 1719 von Wien nach Würzburg berief. Die Dreiflügelanlage mit Ehrenhof und mehreren Binnenhöfen zählt zu den großartigsten Leistungen barocker Baukunst. Ein architektonisches Meisterwerk ist das *Treppenhaus* Balthasar Neumanns, zu dem der Maler Giovanni Battista Tiepolo Entscheidendes beitrug. Er schuf auch das monumentale Deckenfresko des *Kaisersaales.*

Barock ist auch die der Nordseite des Domes hinzugefügte, 1736 geweihte *Schönbornkapelle,* Grablege Würzburger Fürstbischöfe, erbaut von Balthasar Neumann, Maximilian von Welsch und Lukas von Hildebrandt. Erwähnt seien noch aus dem Füllhorn Würzburger Barocks das *Stift Haug,* das *Käppele* und die *Universitätskirche.* Eine ausführliche Beschreibung der Stadt und ihrer Sehenswürdigkeiten findet man im Polyglott-Reiseführer „Franken".

Unter seinen Fürstäbten wurde *Fulda* zur Barockstadt. Johann Dientzenhofer erbaute 1704–1712 den *Dom.* Bauherr war Fürstabt Adalbert von Schleifras. Dientzenhofer schuf auch den Mitteltrakt des *Schlosses,* die vorderen Seitenflügel errichtete Andreas Gallisini. Die *Orangerie* entstand 1790 nach Plänen von Hofbaumeister Maximilian von Welsch. Die *Floravase* von Humbach, auf der Rundtreppe davor, wurde zum Sinnbild Fuldaer Barocks.

Ein Werk des frühen Klassizismus ist das *Schlößchen Schönborn* in *Aschaffenburg,* erbaut 1778–1781 durch I. J. d'Herigoyen.

Die Architektur der Neuzeit findet Ausdruck in den großartigen *Kurgebäuden* von Prof. Littmann in Bad Kissingen, in Kirchenbauten wie der *St.-Alfons-Kirche* am Neuberg bei Würzburg, 1954 erbaut von Hans Schädel mit dem Fresko des „Pfingstwunders" von Georg Meistermann, aber auch den kühnen Brückenkonstruktionen der *Rhön-Autobahn.*

Speisen und Getränke

Der *Eintopf*, das Zusammengekochte aus Gemüse, Kartoffeln und einem mehr oder weniger großen Stück Schweine- oder Rindfleisch spielte in Spessart und Rhön immer schon eine große Rolle. Je nach der Jahreszeit liefern Kohlrabi, Weißkohl, Wirsing, bei besonderen Gelegenheiten auch ein Blumenkohl, die Grundlage dazu. In den Weinbaugebieten von Main und Fränkischer Saale darf auch der Meerrettich nicht fehlen, der neben Zwiebeln und Knoblauch besonders gut zwischen den Rebstöcken wächst.

Nudeln verschiedener Art, selbst hergestellt aus Buchweizen-, Weizen- oder Gerstenmehl, gehören ebenso zur heimischen Küche wie *Graupen* und *Gerstenschrot*, das in Milch oder Wasser gekocht, mit frischem Apfelmost gesüßt oder mit Schweinefett und Zwiebeln geschmälzt, die typische „Morgensuppe" ergibt.

Nach der Feldarbeit, im Winter vor und im Sommer nach der Versorgung des Viehes, wird die *Brotzeit* gehalten, zu der Hausbrot, Blut- und Leberwurst sowie Schwartenmagen gehören, zu denen gern ein Rettich oder eine Tomate gegessen werden. In guten Jahren fehlt es auch nicht an selbstgeräuchertem Schinken.

Auch die enge Nachbarschaft zum Thüringer Wald hat die heimische Küche beeinflußt. Die *Thüringer Knödel*, die man in unserem Reisegebiet überall findet, werden aus roh geriebenen Kartoffeln bereitet, die man gut auspreßt, mit ein wenig Kartoffelmehl versetzt, sodann mit trockenem gekochtem Kartoffelbrei im Verhältnis 2 : 1 vermischt. Daraus werden Knödel geformt, in deren Mitte jeweils ein gerösteter Weißbrotwürfel kommt. Sie werden in siedendem Wasser gegart und begleiten sowohl Schweinebraten als auch Rinderschmorbraten. Eine andere Version sind die *Leberknödel*, die, mit Rinder- oder Schweineleber bereitet, meist in Fleischbrühe gegessen werden.

Grundsubstanz der *Karthäuser Klöße* sind alte abgeschabte Brötchen, die in Milch und Eiern eingeweicht, in Bröseln paniert und in Fett gebacken werden. Mit einer Weinsoße darüber, nennt man sie „Versoffene Jungfern".

Eine typisch fränkische Spezialität sind *Bratwürste mit Sauerkraut*. Bei der vielgerühmten *fränkischen Schlachtschüssel* gesellen sich zum frischgekochten Sauerkraut saftiges Bauchfleisch, Backenstükke, Kamm, Ohrenbäckle, ein Stück vom Stich, Blut- und Leberwurst sowie Kesselfleisch. Eine Spezialität sind auch die *Blauen Zipfel*, in einem Sud aus Wasser, Essig und ein wenig Öl mit verschiedenen Gewürzen und viel Zwiebeln gekochte Bratwürste, die man mit Hausbrot oder Nudeln verspeist. Auch *Lamm-* und *Hammelbraten* erscheinen wieder auf der Speisekarte.

Ob in Spessart oder Rhön, Wildgerichte vom *Hasen, Reh* oder *Hirsch* stehen an vorderer Stelle. Ein Hochgenuß im Spessart sind *Wildschweinbraten*. In der Rhön ist es der *Fasan*, der auf vielerlei Arten zubereitet, zum Gaumenerlebnis wird.

Eine Delikatesse der Flüsse sind *Aale*, die etwa in der Fulda noch in beachtlicher Menge vorkommen. „Aal grün" gibt es überall in besonderer Qualität, ebenso frische *Bachforellen* aus den Bächen von Spessart und Rhön. Eine Gaumenfreude des Maingebiets sind *Meefischli* (Mainfische, kleine Weißfische), frisch und knusprig in frischem Schmalz gebacken.

Unter den fränkischen Backwaren nicht wegzudenken ist der *Zwiebelblaatz* (Zwiebelkuchen). Hefeteig mit viel Zwiebeln und Speck sowie Sauerrahm bilden die Grundlage. Er wird warm gegessen. Dazu trinkt man gern „Moust" (einjährigen Wein) oder „Federweißen".

Hauptgetränk der Bergbauern ist nach wie vor der aus Äpfeln oder aus Äpfeln und Birnen gewonnene *Most*, der frisch oder vergoren getrunken wird.

Die früher verbreitete Sitte, sich sein Hausbier, meist Gerstenbier, selbst zu bereiten, gehört weitgehend der Vergangenheit an, doch überall im Lande gibt es kleine, oftmals sehr alte Familienbrauereien. Im Kloster Kreuzberg brauen Mönche ein dunkles, süffiges *Bier* für Wallfahrer und Touristen.

An den Südhängen von Spessart und Rhön, am Main und an Fränkischer Saale gedeihen auf Muschelkalk und Buntsandstein die bekannten *Frankenweine*. Sie sind trockener und damit bekömmlicher als die anderen deutschen Weine. Es dominieren Müller-Thurgau und Silvaner. Daneben findet man Riesling, Traminer und Scheurebe, am Untermain auch Rotweine wie Früh- und Spätburgunder und Portugieser. Der Wein wird in bauchig-runde, abgeplattete Bocksbeutelflaschen abgefüllt. Fast die Hälfte der Frankenweine geht nicht über Genossenschaftskeller.

Ferien in Spessart und Rhön

Angelgelegenheit

bieten *im Bereich der Rhön:* u. a. Bad Bocklet an der Fränkischen Saale, Bad Brückenau an der Sinn, Bad Kissingen, Bad Königshofen, Bad Neustadt, Hammelburg und Morlesau an der Fränkischen Saale, Kothen an der Kleinen Sinn, Mellrichstadt beim Frickenhäuser See und Ostheim vor der Rhön an der Streu; *im Bereich von Main und Spessart:* Eisenfeld und Erlenbach am Main, Gemünden an Main und Fränkischer Saale, Gräfendorf an der Fränkischen Saale, Großheubach, Homburg, Kleinwallstadt, Klingenberg, Miltenberg und Obernburg am Main, Rieneck an Sinn und Altem See und Stadtprozelten am Main.

Auskünfte

Auskünfte über alle die Ferien in Spessart und Rhön betreffenden Fragen erteilen: *Ferienland Main-Spessart und Fränkisches Weinland,* Würzburger Str. 25, 8782 Karlstadt/Main, Tel. (09 53 53) 5 01, das *Gebiet Rhön im Fremdenverkehrsverband Franken e. V.,* Postfach 18 20, 8730 Bad Kissingen, Tel. (09 71) 6 12 65, der *Fremdenverkehrsverband Rhön e. V.,* Postfach 6 69, 6400 Fulda, Tel. (06 61) 10 63 05, der *Hessische Fremdenverkehrsverband,* Abraham-Lincoln-Str. 38–42, 6200 Wiesbaden, Tel. (06 121) 7 37 25/6, und der *Fremdenverkehrsverband Franken,* Am Plärrer 14, Postfach 269, 8500 Nürnberg 18, Tel. (09 11) 26 42 02-26 42 04, sowie alle Verkehrsämter der Kreise, der Städte und Gemeinden und die Kurverwaltungen der Heilbäder und Kurorte.

Autobusverkehr

Ein dichtes Netz von Autobuslinien von Bundesbahn und Bundespost sowie privater Unternehmer erschließt Spessart und Rhön. An Ferienorten werden Ausflugsfahrten veranstaltet. Auf Autobusverbindungen wird am Schluß der Ortstexte hingewiesen.

Bootssport

Paddelbootsfahrten sind auf Main und Fränkischer Saale möglich. Bei Aschaffenburg und Stadtprozelten ist auch *Wasserski* auf dem Main erlaubt. Eine Wasserski-Übungsanlage (Skinautica) befindet sich in Thulba bei Hammelburg. Die Sinn bietet bei Rieneck Möglichkeiten zu *Wildwasserfahrten.*

Camping s. Unterkunft

Eisenbahnen

Die wichtigsten Eisenbahnlinien sind die Strecken Kassel – Fulda – Schlüchtern – Hanau – Frankfurt a. M., Kassel – Fulda – Gemünden – Würzburg bzw. Frankfurt a. M. und Frankfurt a. M. – Aschaffenburg – Gemünden – Würzburg. Von Kahl aus führt die Kahlgrundbahn durch den westlichen Spessart. Von Gemünden aus besteht eine Bahnverbindung durch das Tal der Fränkischen Saale nach Bad Kissingen. Eine andere Strecke mit dem Ausgangspunkt Schweinfurt führt weiter ostwärts über Bad Neustadt an der Saale (hier zweigt eine Nebenstrecke nach Bischofsheim an der Rhön ab) nach Mellrichstadt. Ins Zentrum der Rhön stoßen auch die Nebenlinien Jossa – Bad Brückenau – Wildflecken, Fulda – Gersfeld und Fulda – Hilders vor.

Freibäder

haben *im Rhöngebiet* u. a. Aura an der Saale, Bad Brückenau, Bad Kissingen, Bad Königshofen im Grabfeld, Bischofsheim, Dalherda, Fladungen, Fulda, Gersfeld, Gotthards, Hammelburg, Hausen, Heubach, Hilders, Hünfeld, Künzell, Langenbieber, Mellrichstadt, Petersberg, Poppenhausen, Schönau an der Brend, Tann und Wüstensachsen; *im Main- und Spessartgebiet* Alzenau, Aschaffenburg, Bad Orb, Bieber, Burgsinn, Flörsbach, Frammersbach, Gelnhausen, Gemünden, Heigenbrücken, Karlstadt, Lohr, Marktheidenfeld, Miltenberg, Mönchberg, Obernburg, Schöllkrippen, Wächtersbach, Wertheim und Würzburg.

Golf

Einen Golfplatz mit 18 Löchern bietet Bad Kissingen an der Euerdorfer Straße.

Grenzverkehr

Zum Grenzübertritt nach der DDR benötigt man ein *Visum.* Touristen aus der Bundesrepublik Deutschland und ständige Einwohner von Berlin (West) wenden sich wegen der Beschaffung der erforderlichen Reisepapiere an ein heimisches Reisebüro. Bei Besuchen von Verwandten und Bekannten in der DDR beantragen diese für ihren Besucher das Visum bei den dort zuständigen Stellen. Grenzübergangsstelle von der bayerischen in die thüringische Rhön ist *Eußenhausen – Meiningen.*

Hallenbäder

haben *im Rhöngebiet* Almendorf, Bad Bocklet, Bad Brückenau, Bad Kissingen (auch Wellenbad), Bad Königshofen im Grabfeld, Bad Neustadt an der Saale (Sole- und Hallenwellenbad), Elfershausen, Fulda, Gersfeld, Hammelburg, Haselbach, Hilders, Hofbieber, Hünfeld, Künzell, Margretenhaun, Münnerstadt, Oberleichtersbach, Ostheim vor der Rhön, Poppenhausen, Riedenberg, Rodholz, Roth, Steinau, Tann und Wildflekken; *im Main- und Spessartgebiet* Alzenau, Aschaffenburg, Bad Orb, Gemünden, Gelnhausen, Heigenbrücken, Karlstadt, Lohr, Marktheidenfeld, Mespelbrunn, Miltenberg, Mömbris, Obernburg, Weibersbrunn, Wertheim und Würzburg.

Heilbäder und Kurorte

sind Bad Bocklet, Bad Brückenau (Städt. Heilbad und Bayerisches Staatsbad), Bad Kissingen, Bad Königshofen im Grabfeld, Bad Neustadt an der Saale, Bad Orb und Bad Soden-Salmünster sowie der Kneippkurort Gersfeld. Nähere Hinweise bei den Ortsbeschreibungen.

Jugendherbergen s. Unterkunft

Postkutschenfahrten

Eine beliebte Einrichtung der Deutschen Bundespost sind die sommerlichen Postkutschenfahrten von *Bad Kissingen* nach *Bad Bocklet* und *Aschach.*

Radwandern

Ein besonderer Kundendienst der Deutschen Bundesbahn ist die Aktion *Fahrrad am Bahnhof.* Gegen eine Mietgebühr von 8 DM (bei Anreise mit der Bahn nur die Hälfte) können von April bis Ende Oktober an folgenden Bahnhöfen unseres Reisegebietes Fahrräder gemietet werden: Bad Brückenau-Stadt, Bad Kissingen, Bad Neustadt an der Saale, Bad Soden-Salmünster, Gemünden (Main), Miltenberg und Wertheim.

Hinweise auf weitere Fahrradverleihe stehen am Ende der Ortstexte.

Über acht Radwanderwege im *Bäderkreis Bad Kissingen,* Ferienland Naturpark Rhön, informiert eine interessante Broschüre (Text und Zeichnungen Bernhard Nieland), die bei der Tourist Information, Klosterweg 10, 8730 Bad Kissingen, Tel. (09 71) 12 65, 40 98 und 40 99, kostenlos zu beziehen ist. Der Landkreis Rhön-Grab-

Postkutschenfahrt

feld hat Radwanderwege um Bad Neustadt und Fladungen angelegt.

Auf markierte Radwanderwege im *Landkreis Main-Spessart* weist die von diesem Landkreis im Verlag W. G. Fietz (Postfach 68, 6295 Merenberg 1) herausgegebene Touristik-Karte im Maßstab 1:50 000 mit Begleitheft hin. Auskünfte erteilt: Ferienland Main-Spessart, Würzburger Str. 25, 8782 Karlstadt, Tel. (0 93 53) 5 01, 7 93 und 3 44.

Reisezeit

Spessart und Rhön sind mit dem Reichtum und der Stille ihrer Wälder ein Paradies für Wanderer und Naturfreunde. Im *April* und *Mai* stehen die Obstgärten im Main-, Saale- und Kinzigtal sowie im Kahlgrund in voller Blüte. Hauptreisezeit ist jedoch *Juni* bis *September.* Dann mildern die schattigen Waldwege von Spessart und Rhön die sommerliche Wärme, und um die kahlen Höhen der Rhön weht meist ein frischer Wind. Am farbenprächtigsten sind *September* und *Oktober:* Das Laub der Wälder und Rebgärten verlodert, die Fernsicht von den aussichtsreichen Höhen ist besonders klar, und im Main- und Saaletal rüstet man sich zur Weinlese. Auch der *Winter* hat seine Reize (s. Wintersport).

Reitgelegenheit

gibt es *im Bereich der Rhön* in Aschach, Bad Brückenau, Bad Kissingen, Bad Neustadt an der Saale, Bastheim, Bischofsheim, Detter, Dipperz, Ebersberg, Elfershausen, Euerdorf, Fladungen, Fulda, Gersfeld, Günthers, Hammelburg, Hilders, Hofbieber, Hünfeld, Künzell, Langenbieber, Margretenhaun, Oberthulba, Ostheim vor der Rhön, Rodholz, Schwarzbach, Sulzfeld, Sulzthal, Tann und Thalau; *im Bereich von Main und*

11

Spessart in Aschaffenburg, Bad Orb, Hanau, Krombach, Langenselbold, Lohr, Mönchberg, Partenstein, Rieneck, Schöllkrippen und Wertheim.

Schiffsverkehr

In den Sommermonaten findet eine *7-Tage-Mainfahrt* der Fränkischen Personenschiffahrt, Kranenkai 1, 8700 Würzburg, Tel. (09 31) 5 17 22, auf der 325 km langen Strecke zwischen *Aschaffenburg* und *Bamberg* statt.

Im Sommer gibt es auch mehrmals täglich Schiffsverbindungen zwischen *Würzburg* und *Veitshöchheim*. Abfahrt am Alten Kranen. Vor allem in der Hochsaison werden Sonderfahrten auf dem Main veranstaltet. Auskünfte erteilt die Würzburger Personenschiffahrt, Am Dicken Turm 3, 8700 Würzburg, Tel. (09 31) 4 27 33.

Auch von *Miltenberg, Wertheim* und anderen Orten aus werden Ausflugsfahrten auf dem Main unternommen.

Auf der Fränkischen Saale besteht Bootsverkehr von *Bad Kissingen* zur Oberen Saline.

Segel- und Motorflug

Die 950 m hohe *Große Wasserkuppe* in der Hochrhön ist der „Berg der Segelflieger". Von Ostern bis zum Herbst führt die Segelflugschule am Gipfel Lehrgänge für Anfänger und Fortgeschrittene durch. Hier finden alljährlich auch große Segelflugwettbewerbe und Segelfliegertreffen statt.

Motor- (M) oder Segelflugplätze (S) bieten außerdem *im Gebiet der Rhön* Abtsroda (M, S), Bad Kissingen (M, S), Bad Neustadt an der Saale (M, S), Burghaun (S), Hammelburg (M, S), Mellrichstadt (M, S), Nordheim (S), Oberleichtersbach (S), Ostheim vor der Rhön (S), Poppenhausen (M, S), Rodholz (M, S), Saal a. d. Saale (S) und Wüstensachsen (S) an. *Im Bereich von Main und Spessart* sind es Altfeld (S), Gelnhausen (M, S), Karlstadt (S), Langenselbold (S), Miltenberg (S) und Veitshöchheim (M, S).

Straßen

Die Rhön durchzieht als bedeutende Nord-Süd-Verbindung die Autobahn Kassel – Fulda – Hammelburg – Würzburg *(A 7)*. Mitten durch den Spessart zieht von Nordwesten nach Südosten die Autobahn Frankfurt am Main – Aschaffenburg – Würzburg *(A 3)*. Die Autobahn Hanau – Fulda durch das Kinzig- und Fliedetal ist noch im Bau.

Wichtige Straßenverbindungen sind ferner: *Im Bereich des Spessarts* die im Kinzigtal verlaufende *B 43* von Hanau bis Gelnhausen und die sich anschließende *B 40* von Gelnhausen über Steinau und Schlüchtern nach Fulda, die *B 276* (Teilstück der Deutschen Ferienstraße Alpen–Ostsee) von Biebergemünd über Frammersbach nach Lohr und die *Sinntalstraße* von Gemünden über Burgsinn nach Bad Brückenau, zu denen sich als touristische Straßen die *Spessart-Höhenstraße* und die *Deutsche Ferienstraße Alpen-Ostsee* hinzugesellen.

Im Bereich der Rhön die *B 27* von Fulda über Bad Brückenau und Hammelburg nach Gemünden, die *B 286* von Bad Brückenau nach Bad Kissingen, die *B 458* von Fulda nach Batten, die *B 279* von Döllbach über Gersfeld, Bischofsheim und Bad Neustadt an der Saale nach Bad Königshofen im Grabfeld, die *B 284* von Gersfeld nach Ehrenberg, die *B 278* zwischen Tann und Bischofsheim, die *B 285* zwischen Fladungen und Mellrichstadt sowie die *B 287* durch das Tal der Fränkischen Saale von Hammelburg nach Bad Kissingen, die westlich von Münnerstadt in die *B 19* Münnerstadt – Bad Neustadt an der Saale – Mellrichstadt einmündet. Als touristische Straße ist hier die *Hochrhönstraße* zu erwähnen.

Die Weinhänge des Maintales schließlich begleitet die aus dem Odenwald kommende *Nibelungenstraße* von Miltenberg bis Wertheim.

Tennisplätze

befinden sich *im Bereich der Rhön* in Bad Brückenau, Bad Kissingen, Bad Königshofen im Grabfeld, Bad Neustadt an der Saale, Fulda, Gersfeld, Hammelburg, Hilders, Hofbieber, Hünfeld, Künzell, Langendorf, Margretenhaun, Maßbach, Mellrichstadt, Motten, Münnerstadt, Oberthulba, Ostheim vor der Rhön, Rengersfeld, Roth, Rothhausen, Wildflecken und Wollbach; *im Bereich von Main und Spessart* in Alzenau, Aschaffenburg, Bad Orb, Bad Soden-Salmünster, Gelnhausen, Gemünden, Karlstadt, Laufach, Miltenberg, Mönchberg, Neuhof, Schlüchtern, Wertheim und Zellingen.

Unterkunft

In diesem Reiseführer sind die *Hotels* und *Gasthöfe* in drei Gruppen eingeteilt: ⌂⌂⌂ = erstklassiges Haus, ⌂⌂ = gutes Hotel (Gasthof), ⌂ = einfaches Gasthaus. Die Preise (nur Richtpreise) belaufen sich für Übernachtung mit Frühstück bei: ⌂⌂ etwa von 40 bis 120 DM, 🛏 etwa von 20 bis 50 DM, ⛺ etwa von 15 bis 25 DM.

Steigender Beliebtheit, vor allem bei Familien mit Kindern, erfreuen sich in den noch stark ländlich ausgerichteten Ferienorten von Spessart und Rhön *Ferien auf dem Bauernhof*. Das gilt auch für *Ferienwohnungen*.

Informationen über Hotels, Gasthöfe, Ferienwohnungen, Jugendherbergen und Campingplätze geben die vom Fremdenverkehrsverband Franken herausgegebenen Unterkunftsverzeichnisse „Spessart – Mainischer Odenwald", „Rhön" und „Fränkisches Weinland".

Wanderwege

Der Spessart bietet rund 5000 km markierte Wanderwege. Mittelalterliche Heer- und Handelsstraßen wurden zu reizvollen Höhenwegen für den Wanderer wie die *Birkenhainer Straße* (Markierung B) von Hanau nach Gemünden, der *Eselsweg* (Markierung E; er diente einst dem Eselstransport des Bad Orber Salzes) von Schlüchtern bis zum Kloster Engelburg bei Großheubach, der *Heunweg* (Markierung H) von Rohrbrunn bis Eichel bei Wertheim. Der *Maintal-Höhenringweg* (Markierung M) erschließt das Mainviereck von Aschaffenburg über Miltenberg, Wertheim und Lohr nach Gemünden. Der *Mainwanderweg* (Markierung M) schließlich folgt dem Main von der Quelle des Weißen Main am Ochsenkopf im Fichtelgebirge bis zur Mündung in den Rhein. Alle Wegbezeichnungen sind rot auf weißem Grund. Empfohlen werden die *Ravenstein-Wanderkarte Spessart*, Maßstab 1 : 100 000, und die im Verlag W. G. Fietz erschienenen drei Wanderkarten *Naturpark Spessart* im Maßstab 1 : 50 000. Auskünfte erteilen der *Spessartbund e. V.*, Treibgasse 24, 8750 Aschaffenburg, und *Ferienland Main-Spessart und Fränkisches Weinland*, Würzburger Str. 25, 8782 Karlstadt/Main, Tel. (0 93 53) 5 01.

Die Rhön hat etwa 6000 km markierte Wanderwege. Der *Hauptwanderweg Süd-Nord* (Markierung roter Winkel) von Gemünden über Hammelburg, Bad Kissingen, Kreuzberg, Gersfeld, Wasserkuppe und Milseburg nach Tann und der *Hauptwanderweg West–Ost 4* von Giesel über Ebersburg, Wasserkuppe und Stirnberg nach Fladungen teilen die Rhön in vier Wandergebiete: *Fuldagau* im Nordwesten (schwarze Wegzeichen auf weißem Grund), *Ulstergau* im Nordosten (grüne Wegzeichen), *Sinngau* im Südwesten (gelbe Wegzeichen) und *Saalegau* im Süd-

osten (blaue Wegzeichen). Von Süden nach Norden zieht auch der *Rhönhöhenweg* (Markierung rotes Ei) von Burgsinn über Dreistelz, Würzburger Karl-Straub-Haus, Kreuzberg, Himmeldunkberg, Rotes und Schwarzes Moor zur Sennhütte bei Fladungen. Von Westen nach Osten verlaufen die *Hauptwanderwege West-Ost 1* Neukirchen – Rasdorf, *2* Schlitz – Haselstein, *3* Fulda – Batten, *4* Giesel – Fladungen, *5* Neuhof – Ostheim vor der Rhön, *6* Elm – Mellrichstadt und *7* Sterbfritz – Bad Königshofen im Grabfeld. Eine Wanderspezialität des Naturparks Rhön: *Wandern ohne Gepäck* (Routen s. „Naturpark Rhön", S. 14). Das Gepäck wird jeweils kostenlos zum nächsten Tagesziel befördert. Empfohlen werden die *Ravenstein-Wanderkarte Rhön* im Maßstab 1 : 100 000, die *Topographischen Karten 1 : 50 000* „Nordblatt Rhön" und „Südblatt Rhön" und die *Wanderkarte Naturpark Rhön 1 : 50 000* vom Fritsch-Verlag. Auskünfte erteilen der *Rhönklub*, Marktstr. 24, 6400 Fulda, und das *Gebiet Rhön im Fremdenverkehrsverband Franken e. V.*, Postfach 1820, 8730 Bad Kissingen, Tel. (09 71) 6 12 65.

Weinseminare

Weinseminare laden dazu ein, die Kreszenzen von den Hängen des Mains besser kennenzulernen. Fünf Tage dauern die mehrmals jährlich stattfindenden *Würzburger Weinseminare,* die unter dem Motto „Genießen und informieren" stehen. Schon seit zehn Jahren bestehen die Weinseminare im malerische *Volkach* an der Mainschlinge. Auskünfte erteilt die Gebietsweinwerbung *Frankenwein–Frankenland e. V.*, Postfach 58 48, 8700 Würzburg 1, Tel. (09 31) 1 20 93.

Wintersport

Wintersportorte *in der Rhön* sind Bischofsheim, Burkardroth, Ehrenberg, Fladungen, Geroda, Gersfeld, Häselbach, Hausen, Hilder, Oberelsbach, Ostheim vor der Rhön, Poppenhausen, Riedenberg, Sandberg, Schönau und Wildflecken. 31 Abfahrten der Rhön werden durch Skilifte erschlossen. Um den Gukkaisee im Gebiet der Wasserkuppe gibt es 6 Skilifte, im Kreuzberg-Gebiet 5. Sprungschanzen, Skischulen, Rodel- und Eislaufbahnen sind vorhanden. Bad Kissingen verfügt über eine Eissporthalle. 230 km Langlaufloipen in 10 Skiwanderbereichen werden gespurt. Ski- und Rodelverleih sind vorhanden. Berichte über Wetter- und Schneelage täglich von Gersfeld: Tel. (0 66 54) 12 11, vom Kloster Kreuzberg: Tel. (0 97 72) 2 12.

Naturparke

Zwei große Naturparke erfassen den größten Teil unseres Reisegebietes: der Naturpark Spessart und der Naturpark Rhön. An beiden Naturparken haben die Bundesländer Bayern und Hessen Anteil.

Naturpark Spessart

Der von Kinzig, Sinn und Main umschlossene 2077 km² große Naturpark Spessart besteht aus einem 1307 km² großen *bayerischen* und einem 770 km² großen *hessischen Teil* (nur Verwaltungsgrenzen trennen beide Gebiete). Er ist einer der größten Naturparke der Bundesrepublik. Weite Wälder bedecken ihn. Reizvolle Täler wie *Bieber-, Orb-, Lohr-, Kahl-, Elsava-* und *Hafenlohrtal* gliedern ihn. Im *Geyersberg* (586 m) erreicht er seine höchste Erhebung. Eine schöne Rundsicht bietet die *Geishöhe* (520 m).

Rund 5000 km bezeichnete Wanderwege erschließen das Waldgebirge. Von über 100 Wanderparkplätzen aus führen zahlreiche mit Tier- und Pflanzensymbolen markierte Rundwanderwege von 1–3 Stunden Wegdauer durch den Naturpark. An den Parkplätzen sind Orientierungstafeln aufgestellt mit Angaben über Wegzeichen, Weglänge, Wanderzeit und Schwierigkeitsgrad (eben, leichte, mittlere und starke Steigungen). Mehrere Natur- und Waldlehrpfade machen mit Pflanzen- und Tierwelt sowie dem Wasserhaushalt des Waldes bekannt. Rastplätze (z. T. mit Regenschutz und Feuerstellen zum Grillen) und Schutzhütten, Waldspielplätze und Liegewiesen laden zum Verweilen ein.

Für den hessischen Teil des Naturparks hat das Hessische Landesvermessungsamt eine *Topographische Karte 1 : 50 000* (2 Kartenblätter) mit rot markierten Wanderwegen und Sehenswürdigkeiten und blau bezeichneten Parkplätzen herausgegeben. Das Gebiet des gesamten Naturparks Spessart decken drei *Wanderkarten 1 : 50 000* des Verlages W. G. Fietz ab, die auch auf Freizeiteinrichtungen hinweisen.

Der hessische Teil des Spessarts wird vom *Zweckverband Hessischer Spessart,* 6460 Gelnhausen, Hauptverwaltung des Main-Kinzig-Kreises, betreut, der bayerische Teil vom *Verein Naturpark Spessart e. V.,* Jahnstr. 10, 8751 Elsenfeld. Diese Organisationen geben auch Auskünfte. Ebenso der *Spessartbund e. V.,* Treibgasse 24, 8750 Aschaffenburg.

Naturpark Rhön

Auch der 1474 km² große Naturpark Rhön gliedert sich in einen größeren *bayerischen Teil* mit 1090 km² Fläche und einen kleineren *hessischen Teil* mit 384 km² Fläche, die nahtlos ineinander übergehen. Rund 6000 km markierter Wanderwege erschließen den Naturpark. Etwa 3800 km werden vom Rhönklub, rund 1800 km vom Naturpark Rhön betreut. Zu ihnen gehören zahlreiche Rundwanderwege, die von über 210 Wanderparkplätzen ausgehen, sowie mehrere naturkundliche Lehrpfade für den botanisch Interessierten. Am Bauersberg nördlich von Bischofsheim besteht ein geologischer Naturlehrpfad. Schutzhütten und Aussichtstürme wurden errichtet, Jugendzeltplätze, Spielplätze und Grillplätze, Freizeitzentren und Trimmpfade angelegt.

Drei Wanderrouten umfaßt die Aktion „Wandern ohne Gepäck": 7 Tage „Rund um die Hohe Rhön", 7 Tage „Entlang der Fränkischen Saale und Sinn" und 14 Tage „Quer durch die Rhön".

Landschaftliche Höhepunkte der Hessischen Rhön sind die *Wasserkuppe* (950 m), der „Berg der Segelflieger", der Phonolithfelsen der *Milseburg* (833 m) und das malerische *Ulstertal.* In der Bayerischen Rhön erhebt sich der *Kreuzberg* (928 m), der „heilige Berg der Franken". Der Raum um die *Dammersfeldkuppe* (928 m) ist allerdings militärisches Sperrgebiet.

Die offizielle Karte des Rhönklubs ist die *Wanderkarte Rhön 1 : 100 000. Topographische Wanderkarten 1 : 50 000* haben das Hessische Landesvermessungsamt für den *Naturpark Hessische Rhön* (Nordblatt) und das Bayerische Landesvermessungsamt für den *Naturpark Bayerische Rhön* herausgegeben.

Auskünfte über den Naturpark Rhön erteilen das *Gebiet Rhön im Fremdenverkehrsverband Franken e. V.,* Postfach 1820, 8730 Bad Kissingen, Tel. (09 71) 6 12 65, und der *Rhönklub e. V.,* Marktstr. 24, 6400 Fulda.

Auf Bodengestalt und Gewässer sowie die Tier- und Pflanzenwelt von Spessart und Rhön wird im Kapitel „Land und Leute" hingewiesen. Die Hauptwanderwege durch die beiden großen Naturparks werden im Abschnitt Wanderwege des Kapitels „Ferien in Spessart und Rhön" behandelt.

Aschaffenburg

Aschaffenburg (129 m; 59 000 Einw.) ist für den aus Richtung Frankfurt a. M. kommenden Reisenden die Pforte zum Spessart. Die bedeutende Industriestadt, Zentrum des Wirtschaftsraumes Bayerischer Untermain, hat eine günstige Verkehrslage: Hafen am Rhein-Main-Donau-Kanal, Knotenpunkt an der Bundesbahn-Hauptstrecke Frankfurt–Nürnberg, mehrere Ausfahrten zur Bundesautobahn 3 (Europastraße 5). Zum Rhein-Main-Flughafen sind es etwa 40 Autominuten. Die wirtschaftliche Struktur der Stadt bestimmen Bekleidungs-, Metall- und Papierindustrie. Aschaffenburg liegt größtenteils am rechten Mainufer, am linken Mainufer entstanden neue Wohnsiedlungen.

GESCHICHTE

Ascapha nennt im 7. Jahrhundert ein unbekannter Geograph aus Ravenna den Ort. Urkundlich wird er erstmals 974 als *Ascafinburg* genannt. Das heutige *Mainaschaff* wird im 11. Jahrhundert erwähnt. Die Ortsnamen beider Siedlungen sind auf die Aschaff zurückzuführen, einen Nebenfluß des Mains. Der gesamte Raum um Aschaffenburg war jedoch schon seit 500 Siedlungsstätte der *Alemannen*. Reihengräberfunde aus jener Zeit bezeugen das. Um 700 wurde das Land dem *fränkischen Großreich* unterworfen. Die Herrschaften wechselten, bis Ende des 10. Jahrhunderts Stadt und Umland an das *Erzstift* und später *Kurfürstentum Mainz* übergingen. Stets war es nun ein Domkapitular aus Mainz, der in Aschaffenburg zum Stiftspropst ernannt wurde. Im 16. Jahrhundert wird dieses Amt in Personalunion vom Mainzer Erzbischof bekleidet.

Seit 1260 war Aschaffenburg die zweite *Residenz der Mainzer Erzbischöfe*. Zahlreiche Synoden fanden hier statt. Während der Bauernkriege 1525 stand Aschaffenburg auf seiten der Aufrührer. Es verlor deshalb die im 14. und 15. Jahrhundert erworbenen Privilegien. Über ein Jahrhundert später hatte Aschaffenburg nur mehr 30 bis 40 Einwohner, eine Folge des Dreißigjährigen Krieges (Besetzung durch König Gustav Adolf am 25. 11. 1631). Als Mainz 1799 in die Hände Frankreichs fiel, regierte in Aschaffenburg Kurfürst Friedrich Karl Josef von Erthal (er ließ bereits 1776 den Park Schönbusch anlegen).

1803 wurde das *Fürstentum Aschaffenburg* gegründet (Karl Theodor von Dal-

berg, Reichskurerzkanzler und Fürstprimas des Rheinbundes, gründete hier 1808 eine Universität). 1814 fiel die Stadt an Österreich; 1816 an Bayern.

Schloß Johannisburg

Im 19. und 20. Jahrhundert entwickelte sich die Industrie. Im Zweiten Weltkrieg war die Stadt Ziel schwerer Luftangriffe. Große Teile der Altstadt wurden zerstört.

SEHENSWÜRDIGKEITEN

Die Hauptsehenswürdigkeiten liegen dicht beieinander. Im Mittelpunkt der Stadt erhebt sich am malerischen *Stiftsplatz* die

*Stiftskirche St. Peter und Alexander [1], die älteste Kirche der Stadt (erstmals 974 urkundlich erwänt). Das Langhaus der kreuzförmigen Basilika stammt aus dem 12., der mächtige Turm aus dem 15. Jahrhundert. Im Tympanon des Hauptportals: Christus und die beiden Kirchenpatrone St. Peter und Alexander. Bedeutende Kunstwerke im Kircheninnern sind ein romanisches *Kruzifix* (um 1120), die *Renaissance-Kanzel* und der *Magdalenenaltar* von Hans Juncker, vor allem aber das berühmte Spätwerk Matthias Grünewalds* *Die Beweinung Christi* (um 1520). *Stiftsschatz* im ehemaligen Kapitelhaus, spätromanischer *Kreuzgang* (13. Jh.).

Das moderne *Rathaus* [2] erbaute 1956–1958 Professor Diez Brandi. Das gegenüberliegende *Theater* [3] wurde 1810 unter Carl Theodor von Dalberg von dem spanischen Baumeister d'Herigoyen errichtet. Reizvoll ist der klassizistische Zuschauerraum. – In der Schloßgasse steht die *Pfarrkirche Unsere Liebe Frau* [4] mit romanischem Tympanon, frühgotischem Turm und dem Barock nachempfundene Deckengemälde von Hermann Kaspar (1967). Die *Schloßgasse* führt an Fachwerkhäusern vorbei zum

*Schloß Johannisburg [5], einem monumentalen Spätrenaissancebau aus rotem Sandstein, flankiert von vier Ecktürmen, 1605–1614 vom Straßburger Baumeister *Georg Ridinger* im Auftrag des Kurfürsten *Johann Schweickard von Kronberg* erbaut (nach Kriegszerstörungen wiederhergestellt). Hier residierten zeitweilig die Kurfürsten von Mainz. *Staatsgemäldesammlung* mit Meistern des 17. und 18. Jahrhunderts, *fürstliche Wohnräume* (Ende 18. Jh.), *Hofbibliothek* mit kostbaren Handschriften und Inkunabeln. – Durch den *Schloßgarten* gelangt man zum

Pompejanum [6], einer Nachbildung des in Pompeji ausgegrabenen Hauses des Castor und Pollux, 1842–1849 von *Friedrich Gärtner* im Auftrage König Ludwigs I. erbaut. Von der Terrasse aus geht der Blick weit ins Maintal und zu den Spessartbergen, auf die alte Stadt und das neue Zentrum. – Jenseits des Mains, über die *Willigisbrücke* zu erreichen, liegt der

Park Schönbusch [7]. *Friedrich Carl von Erthal* begann 1776 mit der Umgestaltung des Nilkheimer Wäldchens zu einem ersten englischen Landschaftsgärten in Deutschland. *Franz Ludwig Sckell* schuf die natürlichen Anlagen, der Architekt *Emanuel Joseph d' Herigoyen* die schlichte Eleganz aller Bauwerke. Schlößchen und Tanzsaal, Freundschaftstempel und Philosophenhaus bilden den Rahmen der sommerlichen Schönbuschkonzerte. Der Park ist durchgehend geöffnet, das Schlößchen von April bis September 8–13 und 14–18 Uhr, von Oktober bis März 10–12 und 14–16 Uhr.

Beachtung verdient auch die Gartenanlage *Schöntal* [8] östlich der Altstadt mit ihrem Magnolienhain; weiter östlich die *Fasanerie* [9].

Ein modernes Einkaufszentrum bildet die *City Galerie* (40 000 qm, überdacht).

PRAKTISCHE HINWEISE

🛈 Verkehrsamt, Dalbergstr. 15, Tel. (0 60 21) 3 02 30; Verkehrsverein, Weißenburger Str. 1, Tel. (0 60 21) 3 04 26.

🚄 An den Strecken Frankfurt – Nürnberg, Frankfurt – Hanau – Miltenberg – Wertheim – Ulm, Darmstadt – Mainz/Wiesbaden, Höchst i. O.

🚌 Hanau, Höchst i. O., Lohr – Gemünden, Mespelbrunn, Miltenberg, Schöllkrippen, Würzburg u. a.

🏨 „Post", Goldbacher Str. 19; „Aschaffenburger Hof", Frohsinnstr. 11; „Wilder Mann", Fischergasse 1.

🏨 „Mainperle", Weißenburger Str. 42 a; „Syndikus", Löherstr. 35; „Ochsen", Karlstr. 16; „Dümpelsmühle", Gailbacher Str. 80.

△, ⚠. – ▱.

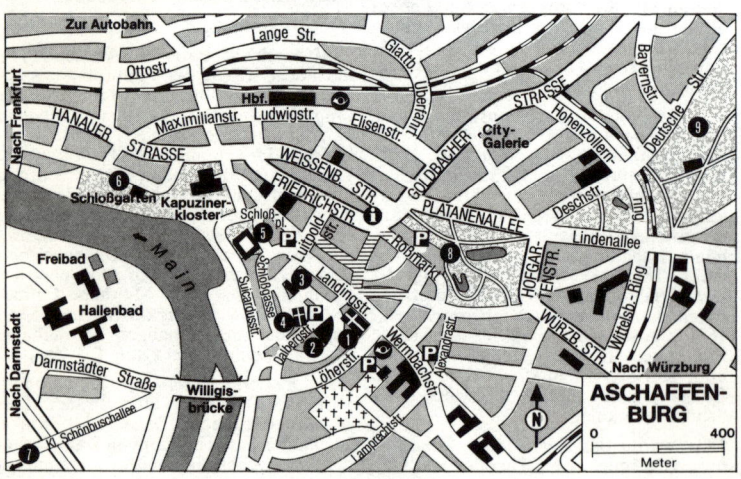

ASCHAFFEN-BURG

0   400
Meter

Fulda

Fulda (261 m; 60 000 Einw.), am gleichnamigen Fluß, reizvoll eingebettet in die Landschaft zwischen Vogelsberg und Rhön, ist das Tor zur Hessischen Rhön. Fürstäbte und Fürstbischöfe machten die einstige Wirkungsstätte des Bonifatius, des „Apostels der Deutschen", zu einer Stadt des Barocks. Mittelalterliche Klöster besetzen die umliegenden Höhen, vor denen auch das moderne „Baufieber" nicht haltgemacht hat. Fulda ist Sitz der Deutschen Katholischen Bischofskonferenz und das wirtschaftliche Zentrum Osthessens. Eine Besonderheit: die traditionelle Wachskerzenindustrie. Mehrere Eisenbahnlinien laufen hier zusammen. Östlich der Stadt zieht die Autobahn Kassel–Würzburg (A 7) vorbei.

GESCHICHTE

744 ließ *Bonifatius* durch den Abt *Sturmius* die Benediktinerabtei gründen. Schon bald entwickelte sie sich zu einem der mächtigsten Klöster Deutschlands, zu einem geistigen und kulturellen Zentrum des Abendlandes. An der Klosterschule wirkten so bedeutende Männer wie *Rabanus Maurus, Walahfried Strabo* und *Otfried von Weißenburg.* 1114 wird Fulda Stadt. 1220 werden durch Erlaß Kaiser Friedrichs II. die Fuldaer Äbte zu Fürstäbten. Der Baulust dreier Fürstäbte (*Adalbert von Schleifras, Konstantin von Buttlar* und *Amand von Buseck*) verdankt die Stadt ihre großartigen Barockbauten. 1734 gründet Fürstabt *Adolf von Dalberg* die bis 1805 bestehende Universität. 1752 wird aus der Fürstabtei ein Fürstbistum.

SEHENSWÜRDIGKEITEN

Man beginnt den kleinen Rundgang beim historischen Mittelpunkt der Stadt, dem

Dom [1]. Hier erhob sich einst über dem Grab des Bonifatius die 791–819 erbaute *Ratgar-Basilika,* damals der größte Kirchenbau nördlich der Alpen. 1700 ließ Fürstabt *Adalbert von Schleifras* (1700–1714) die 900jährige romanische Basilika abreißen und an ihrer Stelle von *Johann Dientzenhofer* den an einem weiten Vorplatz aufragenden Barockdom errichten. Im reich stuckierten* Innern sind vor allem Kanzel und Orgel bemerkenswert. In der *Krypta* ruhen die Gebeine des heiligen Bonifatius. Das *Dommuseum* bewahrt neben dem aus Walroßzahn geschnitzten Bonifatiusstab (12. Jh.) und dem von Schwerthieben zerfetzten Ragyndrudis-Codex (der Heilige suchte damit bei seinem Märtyrertod 754 in Friesland sein Haupt zu schützen) kostbare Reliquiare, sakrale Gewänder und liturgische Geräte. Die nördlich benachbarte

Der Dom

*Michaelskirche [2] aus dem 9.–11. Jahrhundert auf dem kleinen Michaelsberg hat ihr Vorbild in der Jerusalemer Grabeskirche. Sie ist eine der ältesten erhalten gebliebenen Kirchen Deutschlands. Rotunde und Krypta stammen aus dem Jahre 822. Durch den *Schloßgarten* gelangt man zum

Stadtschloß [3], der einstigen Residenz der Fuldaer Fürstäbte (heute Sitz der Stadtverwaltung), 1607 als Renaissanceschloß erbaut und zu Beginn des 18. Jahrhunderts unter Fürstabt *Adalbert von Schleifras* barock umgestaltet. Sehenswert sind hier vor allem *Fürstensaal, Kaisersaal* und *Spiegelkabinett.*

Fürstabt Konstantin von Butlar (1714–1726) ließ den Schloßpark anlegen und die *Orangerie* [4] erbauen, eine vollendete Barockschöpfung von Maximilian von Welsch. Apollosaal mit Deckengemälde von Emanuel Wohlhaubter und Stuckarbeiten von Andreas Schwarzmann nach Entwürfen von Adrea Pozzi. Auf der Terrasse vor der Orangerie steht die *Floravase* (1728), eine der schönsten deutschen Gartenplastiken.

In südlicher Richtung führen *Pauluspromenade* und *Friedrichstraße,* an der

Hauptwache vorbei, hin zum *Alten Rathaus* [5] aus dem 16. Jahrhundert (steinerner Kernbau 13. Jh.). Östlich davon, im *Museumsbau* [6] an der Universitätsstraße, das *Vonderau-Museum* (Sammlungen zu Vorgeschichte, Volkskunde, Technik und Naturwissenschaften) sowie das *Deutsche Feuerwehrmuseum* (Entwicklung des Feuerlöschwesens und des Brandschutzes seit dem 14. Jh.).

Vom Schloß aus nordwärts leitet die Pauluspromenade durch das *Paulustor* in einer Viertelstunde hinauf zum *Frauenberg* mit dem *Franziskanerkloster* [7]. Weit geht von hier aus der Blick über die Stadt bis hin zur Rhön.

Lohnend sind auch Besuche der Propsteikirchen *St. Lioba* [8] in Fulda-Petersberg (Stadtbuslinie 9 ab Busbahnhof; erbaut unter Abt Rabanus Maurus; Krypta mit Wandmalereien von 836–847, die nachweislich ältesten auf deutschem Boden) und *St. Andreas* [9] in Fulda–Neuenberg (Stadtbuslinie 2 ab Busbahnhof; Krypta mit Fresken aus spätottonischer Zeit).

6 km südlich von Fulda liegt das *Schloß Fasanerie [10], das schönste Barockschloß Hessens, einst Sommerresidenz der Fuldaer Fürstäbte, 1730 begonnen, 1756 unter Fürstbischof Amand von Buseck von Hofbaumeister Andreas Gallasini vollendet. Sehenswertes *Schloßmuseum* (Führungen 1. 4. bis 31. 10. von 10–16 Uhr, außer montags).

PRAKTISCHE HINWEISE

🛈 Verkehrsbüro, Schloßstr. 1, Tel. (06 61) 1 02-3 46.

� An den Strecken Kassel–Frankfurt a. M., Fulda–Gießen, Fulda–Hilders und Fulda–Gersfeld.

🚌 Nach Rhön und Vogelsberg.

🏨 „Zum Kurfürsten", Schloßstr. 2; „Europa", Haimbacher Str. 65.

🏨 „Lenz", Leipziger Str. 122; „Goldener Karpfen", Simpliziusplatz.

🏠 „Hessischer Hof", Nikolausstr. 22.

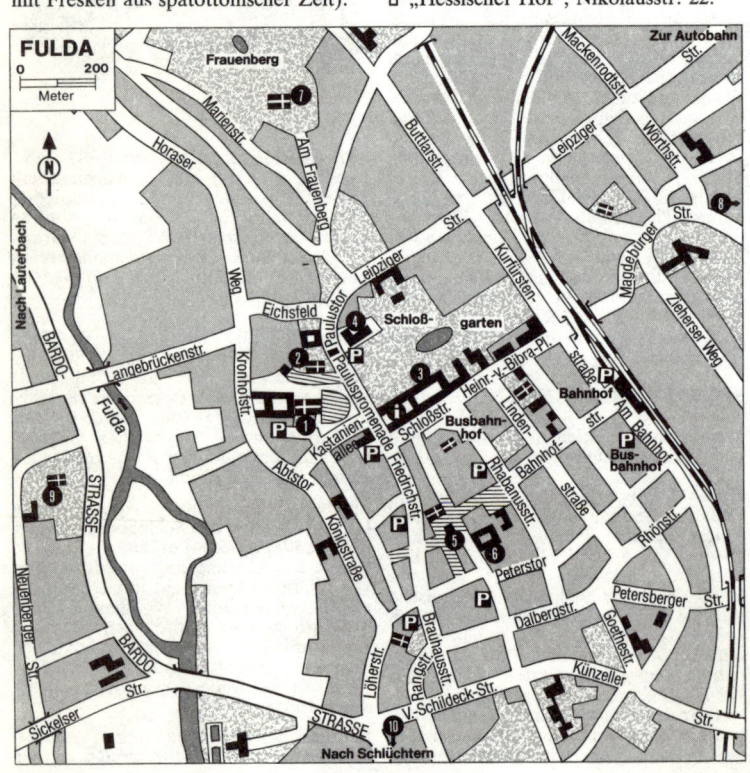

Route 1: Aschaffenburg – Kreuzwertheim – Marktheidenfeld – Lohr – Karlstadt (113 km)

Diese Route deckt sich im Hochspessart teilweise mit der alten „Nürnberger Straße", einer Handels- und Postverbindung zwischen Frankfurt und Nürnberg. An dieser Straße stand bei Rohrbrunn das durch Hauffs Erzählungen und eine Filmkomödie bekanntgewordene „Wirtshaus im Spessart", das 1957 der Autobahn Frankfurt – Nürnberg weichen mußte.

Man verläßt *Aschaffenburg* auf der B 8 und erreicht bald

Haibach (360 m; 8000 Einw.), 5 km, mit den Ortsteilen *Grünmorsbach* und *Dörrmorsbach*. Ein lohnendes Ausflugsziel ist die *Haibacher Schweiz* mit Resten eines germanischen Ringwalls, Wildbachgründen und Tiergehege. Markierte Wanderwege führen u. a. zum *Findberg* (30 Min.), von dem sich ein Blick auf Maintal, Taunus und Odenwald bietet.

🄳 Rathaus, Tel. (0 60 21) 67 41.

⛲ Aschaffenburg.

🚌 Aschaffenburg (Stadtlinie), Würzburg, Waldaschaff, Mespelbrunn.

🏨 „Klingerhof" (🛏). – 🏨 „Sonnenhof".

Bessenbach (206–430 m; 4700 Einw.), 9 km, taucht auf mit den Ortsteilen *Straßbessenbach* und *Oberbessenbach*. Hier steht rechts der B 8 auf einem Hügel die 750 Jahre alte Pfarrkirche *St. Ottilia* mit einer Friedhofskapelle.

🄳 Fremdenverkehrsverein, Tel. (0 60 95) 5 15 und 5 17.

In Richtung Hessenthal weiterfahrend passiert man die Abzweigung zum *Waldhaus Hohe Warte*, einst Treffpunkt von Forstleuten und Holzhändlern.

Hessenthal, 14 km, im Elsavatal ist Ortsteil des staatlich anerkannten Erholungsortes *Mespelbrunn* (s. Route 4). Es ist eines der ältesten Wallfahrtsorte Unterfrankens (13. Jh.). Auf dem Kirchenhügel verbindet ein Neubau (1955 vom Würzburger Dombaumeister Karl Schädel entworfen) die gotische *Wallfahrtskapelle* mit der *Begräbniskapelle der Familie Echter von Mespelbrunn* (beide 1. Hälfte des 15. Jh.). Sehenswert sind die steinerne Kreuzgruppe von Hans Backoffen (1519), die Beweinungsgruppe aus der Werkstatt Tilman Riemenschneiders und die Grabdenkmäler der Familie Echter.

🄳 Fremdenverkehrsverein, Tel. (0 60 92) 3 19.

⛲ Aschaffenburg, Laufach.

🚌 Aschaffenburg, Obernburg, Würzburg.

🏨 „Waldhaus" (🛏), „Hobelspan" (⛺).

⌂ „Gästehaus Brigitte".

🎾. – Tennis, Minigolf, Angeln.

Nach 5 km stetiger Steigung durch dichtes Waldgebiet trifft man auf das *Forsthaus Echterspfahl* (auch „Jockel" genannt). Es gehört wie der Weiler *Rohrbrunn* zur Gemeinde *Weibersbrunn* (s. Route 4). Hier kreuzt der *Eselsweg* (alte Salzstraße; Salztransport mit Eseln) die B 8, ein alter Handelsweg zwischen Bad Orb und Miltenberg, der jetzt Fernwanderweg (mit E markiert) ist. Rechts der Bundesstraße steht der mit drei Ringhaken versehene *Eichenpfahl* (1977 vom Spessartbund erneuert), nach dem dieser Punkt benannt ist: Der Legende nach banden hier bei einem heimlichen Treffen drei von Kaiser Friedrich Barbarossa geächtete Brüder Echter ihre Rappen an.

Für Schlagzeilen bei Holzauktionen sorgt immer wieder das Forstamt in *Rohrbrunn*, 23 km, das als größtes in Bayern 500 Hektar des wohl bekanntesten Eichenbestandes der Bundesrepublik verwaltet. Furnierwerke bezahlen für einzelne Stämme bis zu 50 000 Mark.

Im Bereich des *Autobahn-Rastplatzes Rohrbrunn* befand sich früher das „Wirtshaus im Spessart", eine 1688 von dem kurmainzischen Oberjäger Melchior Uzuber zwischen den Poststationen Bessenbach und Essenbach eingerichtete Schenke, die später Post- und Zollrechte erhielt. Das Gasthaus, die „Uzuberei", war über hundert Jahre in Familienbesitz, wurde 1880 vom Staat übernommen und 1957 beim Autobahnbau abgerissen. An seiner Stelle entstanden zwei Rasthäuser (Nord und Süd; im Rasthaus Süd die Tourist-Information Franken) und ein Motel. Am Rand des Rastplatzes steht das *Jagdschlößchen Luitpoldshöhe* (1889). Der *Geiersberg* (586 m) bei Rohrbrunn ist die höchste Erhebung des Spessarts.

🄳 Gemeindeverwaltung Weibersbrunn, Tel. (0 60 94) 5 15 und 5 16.

🏨 „Brunnenhof"; mehrere Gasthöfe. Waldspielplatz Rubischhorn (3 km), Wintersport (Skilift).

19

Am Forsthaus Rohrbrunn biegt man von der Bundesstraße rechts ab in Richtung Wertheim. Nach mehreren schnurgeraden Gefällstrecken taucht im Haslochbachtal *Schollbrunn* (412 m; 800 Einw.), 31 km, auf, ein staatlich anerkannter Erholungsort, der höchstgelegene im Naturpark Bayerischer Spessart, mit Tiergehege und Waldlehrpfad. – ⌂ „Spessarthotel Benz" (⌑), „Zur Sonne" (Wildspezialitäten); mehrere Gasthöfe. Reitmöglichkeit und Kutschfahrten.

Auf der kurvenreichen „Abfahrt" in das Haslochbachtal sollte man nach 4 km an der Ruine der *Markus-* oder *Marienkapelle* anhalten (Abzweigung nach Michelrieth). Von hier aus führen Wanderwege zur *Nickelsmühle* (1 km), *Schreckenmühle* (1,5 km), *Zwieselmühle* (2 km) und *Schleifmühle* (3 km).

Leicht zu verfehlen ist rechterhand die Straße zur ehemaligen *Kartause Grünau.* 1328 gründete Elisabeth von Wertheim, die bei der Jagd versehentlich ihren Ehemann Gottfried von Hohenlohe getötet hatte, hier ein Kloster. Die noch teilweise erhaltene Anlage ist die zweitälteste Niederlassung des Kartäuser-Ordens auf deutschem Boden (dieser Mönchsorden wurde im 11. Jahrhundert in Frankreich gegründet). Die Gastwirtschaft auf dem Gelände der ehemaligen Kartause ist heute ein beliebtes Ausflugsziel, nicht zuletzt wegen der dort angebotenen frischen Forellen.

Auf der Weiterfahrt nach Hasloch passiert man das *Eisenwerk Kurtz.* Hier werden mit Hilfe des letzten wassergetriebenen Eisenhammers Deutschlands vorwiegend Glockenklöppel geschmiedet. Der Haslocher Eisenhammer wurde 1779 im Auftrag der Fürsten von Löwenstein-Wertheim aufgestellt.

Hasloch (142 m; 1400 Einw.), 38 km, dessen Ortskern man, an einem Sägewerk und der 1958 erbauten katholischen Kirche vorbeifahrend, erreicht, bietet zwei sehenswerte spätgotische Altarbilder in seiner *evangelischen Kirche.*

◨ Gemeindeverwaltung, Spessartstr. 18, Tel. (0 93 42) 50 06.

⇄ Wertheim.

⇌ Wertheim, Freudenberg.

⌂ „Zum Stern".

⚠ in Faulbach (6 km). – Angeln, Wasserski, Drachenfliegen (Hasselberg); Bootsanlegestelle.

An der Mündung des Haslochbachs in den Main biegt man links ab nach

Kreuzwertheim (146 m; 2500 Einw.), 43 km, mit dem Ortsteil *Wiebelbach.* Der von Weinbergen umgebene Ferienort war die Keimzelle des auf der gegenüberliegenden Mainseite gelegenen badischen Städtchens *Wertheim* (s. Route 6). Seinen Namen erhielt der Ort nach einem Steinkreuz, das schon 1009 auf dem kleinen Marktplatz rechts der Durchgangsstraße stand. Am Marktplatz erhebt sich auch die *evangelische Pfarrkirche,* in der sich ein großer gotischer Flügelaltar befindet mit einer figurenreichen Kreuzigungsdarstellung aus dem 15. Jahrhundert. Links der Durchgangsstraße liegt das *Schloß,* 1736 von Gräfin Amöne Sophie Frederike von Löwenstein-Wertheim errichtet, das heute der evangelischen Linie der Fürsten von Löwenstein-Wertheim-Freudenberg als Wohnsitz dient (keine Innenbesichtigung). Am Rande des Schloßparks trifft man auf Reste der alten *Stadtbefestigung.* Jeden zweiten Sonntag im September begeht Kreuzwertheim sein *Quätschichfest* (Zwetschgenfest).

⇄ Wertheim

⇌ Über Wertheim in alle Richtungen.

⛵ Motorbootsfahrten.

⌂ „Herrnwiesen", „Lindenhof".

⛵, ⛵.-Wassersport, Tennis, Schießen.

Es gibt zwei Möglichkeiten, um von Kreuzwertheim nach Marktheidenfeld zu gelangen. Am kürzesten, aber landschaftlich weniger reizvoll, ist der Weg über den Autobahnzubringer und *Altfeld* (beschildert). Lohnender ist es, dem Main zu folgen. Dazu biegt man 2 km nördlich Kreuzwertheims von der Straße nach Altfeld rechts ab und fährt über *Rettersheim* nach *Trennfeld,* 54 km. Von dort schöner Blick auf die am anderen Mainufer liegende *Burg Homburg* (mit Echter-Keller) und den gleichnamigen Ort, bekannt durch seine Weinbergslagen „Kallmuth" und „Edelfrau".

Beim Markt *Triefenstein,* 56 km, erhebt sich auf einer Anhöhe das *Kloster Triefenstein.* Das ehemalige Chorherrenstift aus dem Jahre 1102 wurde im 17. Jahrhundert nach Plänen von Valentin Pezzani umgestaltet. 1803 kam die Propstei an die Grafen von Löwenstein–Wertheim–Freudenberg, die hier ein Schloß einrichteten. Die *Klosterkirche,* deren Innenausstattung zu den bedeutendsten Werken des Klassizismus in Franken gehört, kann wegen Renovierung nicht besichtigt werden.

Lengfurt (150 m; 1300 Einw.), 57 km, Ortsteil von Triefenstein, erreicht man über die Mainbrücke. Ein Fresko am

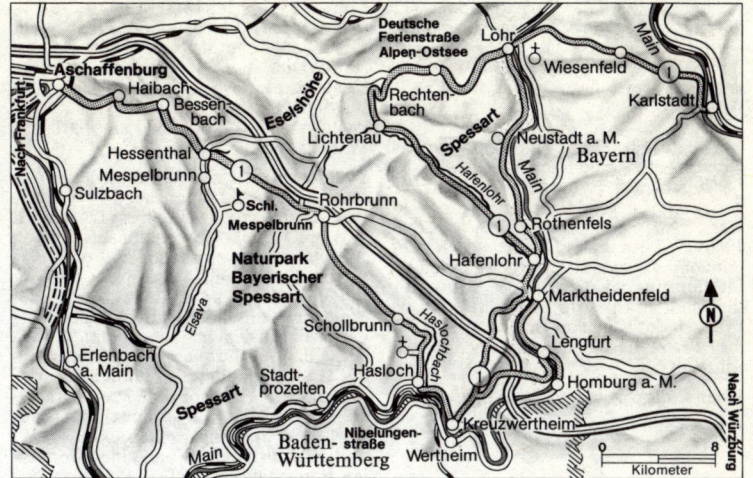

Marktplatz erinnert an den Mainübergang Napoleons im Jahre 1812. Der auf dem Markt stehende *Obelisk* (Dreifaltigkeitssäule), 1728 von Jakob von Auvera geschaffen, gemahnt an ein Pestgelübde. Er steht im Mittelpunkt der alljährlichen *Sebastianifeiern*. 🜨 – 🛏, 🛁 (beh. Waldschwimmbad).

Marktheidenfeld (156 m; 9300 Einw.), 63 km, auf dem linken Mainufer ist ein über 1000 Jahre altes Städtchen, das aus einem Fischerdorf hervorging. Im 18. Jahrhundert erhielt der Ort Marktrechte, 1948 Stadtrecht. Schöne Fachwerkhäuser säumen seinen *Marktplatz*. Reich mit Stukkaturen versehen ist das *Haus Flasch* in der Untertorgasse. Ein Weinhändler ließ es 1745 erbauen. Die alljährlich *Laurenzimess'* ist eines der bekanntesten Volks- und Heimatfeste Unterfrankens.

Eine Wanderung führt von Marktheidenfeld in 1 Std. nach *Glasofen*, einer alten Glasmachersiedlung, in der vereinzelt noch die traditionelle Tracht der „Grünkittel" zu sehen ist; von dort geht es in 1½ Std. weiter durch den *Fürstlich Löwensteinschen Wildpark* zum *Jagdschloß Karlshöhe* (bewirtschaftet).

🛈 Rathaus, Tel. (0 93 91) 10 07.

🛁 Würzburg, Aschaffenburg.

🚌 Würzburg, Lohr, Wertheim, Aschaffenburg.

🚢 Ausflugsfahrten auf dem Main.

🏨 „Anker", Obertorstr. 6 (mit Restaurant „Weinhaus Anker", Obertorstr. 13);

„Zum Löwen", Marktplatz 3; „Zur Schönen Aussicht", Brückenstr. 8.

⌂ „Hospes", Würzburger Str. 20, „Mainblick", Mainkai 11.

🜨 (März bis Nov.).

🛁 Schwimm- und Freizeitzentrum „Maradies"; Angeln, Tennis, Segel- und Motorflug (Flugplatz Altfeld), Reiten, Rudern.

Man verläßt Marktheidenfeld, überquert den Main und fährt von der B 8 am Ortsausgang mainaufwärts geradeaus weiter nach

Hafenlohr (170 m; 1800 Einw.), 66 km, das an der Mündung des gleichnamigen Flusses in den Main liegt. Ergiebige Tonvorkommen führten hier früh zu einer Blüte des Töpferhandwerks. Heute noch gibt es zwei Töpfereien. Sehenswert sind das *Töpferhaus Hettinger* und die *Pfarrkirche* mit einer Holzfigur des hl. Blasius aus dem 13. Jahrhundert.

🛈 Gemeindeverwaltung, Tel. (0 93 91) 10 07.

Mehrere Gasthöfe. – Baden, Angeln, Wassersport.

★

Der kürzeste Weg nach Lohr führt mainaufwärts über

Rothenfels (150 m; 1200 Einw.), die kleinste Stadt Bayerns, mit spitzgiebeligen Fachwerkhäusern in der Hauptstraße, überragt von der *Burg Rothenfels* (12. Jh.; heute Tagungsstätte und Jugendherberge). Sehenswert sind die *Pfarrkirche* mit Sakramentshäuschen und Taufstein von 1613 sowie das *Rathaus* von 1599. – Älter als

Neustadt am Main (146–150 m; 1000 Einw.) mit dem gegenüberliegenden Ortsteil *Erlach*, ist das 785 vom Würzburger Bischof gegründete Benediktinerkloster. Auf seinen Ruinen entstand 1960–1962 ein neues *Ordenshaus der Dominikanerinnen* (Sitz der Ordensleitung für Europa und Ausbildungszentrum für die Missionsarbeit in Südafrika). An die Frühzeit des Klosters erinnern noch Reste der *Peter- und Pauls-Kapelle* aus dem Jahre 787.

Über *Rodenbach* wird *Lohr* erreicht.

★

Von Hafenlohr jedoch öffnet sich eines der schönsten Spessarttäler, das *Hafenlohrtal*.

Man erreicht *Lichtenau*, 81 km, auf der Fahrt durch das Hafenlohrtal über den Hafenlohrer Ortsteil *Windheim* (Gasthaus St. Hubertus; großer Wildpark), die Försterei *Lindenfurter Hof* (Forellenzucht), *Einsiedel*, *Forsthaus Aurora* und den Weiler *Erlenfurt*. Unterwegs sollte man wenigstens einmal aussteigen und wandern. Das gesamte Hafenlohrtal ist Naturschutzgebiet (und wird gegenwärtig vom Projekt eines riesigen Trinkwasserspeichers bedroht). Sämtliche Seitenstraßen sind für Autofahrer gesperrt. Auf der Hafenlohrtalstraße ist nur eine Geschwindigkeit von 30 Stundenkilometern erlaubt.

In Lichtenau biegt man rechts ab in Richtung Rechtenbach. Nach 4 km erreicht man die B 26 und den *Bischborner Hof*, eine noble „Spessartschänke" mit internationaler Küche. Man hält sich erneut rechts und kommt nach

Rechtenbach (344 m; 1250 Einw.), 89 km. Der Ort entstand aus einer Ende des 17. Jahrhunderts von französischen Glasmachern gegründeten Glashütte.

🅱 Gemeindeverwaltung, Tel. (0 93 52) 20 56.

🚄 Lohr.

🚌 Aschaffenburg, Lohr.

🏠 „Gasthaus Krone", „Bischborner Hof".

Lohr (155–169 m; 18 000 Einw.), 96 km, von Bergen umgeben mit seinen sechs Ortsteilen, nennt sich das „Tor zum Spessart". Die Stadt ist das wirtschaftliche Zentrum des Ostspessarts mit Holz-, Eisen- und Glasindustrie. Sie besitzt 4000 ha eigenen Wald und hat 300 km markierte Wanderwege.

In der von Gotik und Renaissance geprägten Altstadt sind sehenswert die katholische Pfarrkirche *St. Michael* (12. und 13. Jh.) mit Rokokoaltar und Taufstein von 1488 sowie das zwischen 1599 und 1611 erbaute *Schloß*, einst Amtshaus der Grafen von Rieneck, dann im Besitz der Mainzer Erzbischöfe, vorübergehend Sitz des Landratsamtes. Hier befindet sich heute das *Spessartmuseum* mit bedeutender Gläsersammlung aus alten Spessarter Hütten. Das Fürstenzimmer zeigt prachtvolle Spiegel nach venezianischer Art aus der Lohrer Spiegelglasmanufaktur des 17. und 18. Jahrhunderts und einen wertvollen Renaissanceofen. Das *Rathaus* (1599 bis 1601), in unmittelbarer Nachbarschaft des Schlosses, enthält im Erdgeschoß noch eine große dreischiffige Markthalle. Fußgängerzone mit alten Fachwerkhäusern.

3 km südöstlich von Lohr liegt das *Kloster Maria Buchen*.

🅱 Verkehrsverein, Ludwigstr. 10, Tel. (0 93 52) 36 00 und 25 37; Verkehrsamt, im Rathaus, Tel. (0 93 52) 10 01 und 90 11.

🚄 Aschaffenburg, Gemünden, Würzburg.

🚌 Aschaffenburg, Marktheidenfeld, Würzburg.

🏨 „Beck's Hotel garni", Lindenstr. 2; „Bundschuh", Am Kaibach 7.

🏠 „Engel", Vorstadtstr. 7; „Adler", „Riedmann", im Stadtteil Steinbach.

△, ⛺. – 🚣, 🚲. – Tennis, Minigolf, Reiten, Angeln.

In Lohr überquert man den Main und erreicht über den Stadtteil *Sendelbach* den Stadtteil

Steinbach (135 m; 1200 Einw.), 98 km. Hier befinden sich das 1725–1728 nach Plänen Balthasar Neumanns errichtete *Schloß der Herren von Hutten* (1945 ausgebrannt, wiederaufgebaut), ein einfacheres *Schloß der Voit von Rieneck* (Ende 16. Jh.) und eine von Joseph Greising erbaute *Barockkirche* (um 1720).

Von Steinbach führt die Staatsstraße 2435 über *Wiesenfeld* nach

Karlstadt (s. Route 6), 113 km.

Route 2: Hanau – Gelnhausen – Wächtersbach – Bad Soden-Salmünster – Steinau – Schlüchtern – Flieden – Neuhof – Fulda (84 km)

In Hanau beginnt die *Deutsche Märchenstraße,* die über Schlüchtern bis nach Bremen führt. Hanau und Steinau erinnern an die Märchen sammelnden Brüder Grimm.

Hanau (108 m; 89 000 Einw.) mit den Stadtteilen *Großauheim* und *Steinheim* ist Sitz des hessischen Main-Kinzig-Kreises. Die an der Mündung der Kinzig in den Main und am Schnittpunkt wichtiger Straßen- und Eisenbahnverbindungen gelegene Industriestadt wurde im Kriege schwer zerstört. Sie bestand ursprünglich aus der mittelalterlichen *Altstadt* und der Anfang des 17. Jahrhunderts von flämischen und wallonischen Emigranten angelegten *Neustadt.* Hanau ist ein Zentrum der Goldschmiedekunst.

Im wiederaufgebauten *Altstädter Rathaus* am Altstädter Markt wurde das *Deutsche Goldschmiedehaus* eingerichtet, in dem regelmäßig Ausstellungen des deutschen Kunsthandwerks gezeigt werden. Gegenüber befindet sich die im 14. Jahrhundert errichtete *Marienkirche* mit wertvollen Glasmalereien im Chor. Baugeschichtlich bedeutsam ist auch die *Wallonisch-Niederländische Kirche,* eine Doppelkirche beider Gemeinden aus dem 17. Jahrhundert. Vom ehemaligen *Stadtschloß* blieben nach dem Marstall (jetzt Stadthalle) und das frühere Regierungsgebäude (heute Städtisches Kulturamt) erhalten.

Auf dem Neustädter Marktplatz steht vor dem wiederaufgebauten *Neustädter Rathaus* (Glockenspiel im Rathausturm) das 1896 enthüllte *Bronzedenkmal* der Brüder *Jakob* (1785–1863) und *Wilhelm Grimm* (1786–1859). Weniger bekannt ist, daß *Ludwig Grimm* (1790–1863), ein ebenfalls in Hanau geborener Bruder der beiden Märchensammler und Sprachforscher, als Maler und Kupferstecher dem Leben im Spessart festhielt. Ein gebürtiger Hanauer war auch der Komponist *Paul Hindemith* (1895–1963).

Den Zweiten Weltkrieg unversehrt überstanden hat das *Barockschloß Philippsruhe,* das der letzte Hanauer Graf Philipp Reinhard im 18. Jahrhundert nach französischem Vorbild bei Kesselstadt errichten ließ. Im Schloß ist das *Museum des Hanauer Geschichtsvereins* untergebracht.

Die Kur- und Badeanlage *Wilhelmsbad,* 3 km nordwestlich von Hanau, entstand 1777–1781 über einer 1709 entdeckten Heilquelle. Bauherr war Erbprinz Wilhelm IX. von Hessen-Kassel. Das ehemalige Scheunentheater, 1968–1969 restauriert, präsentiert sich heute als *Comedienhaus Wilhelmsbad.*

Zur Erinnerung an die Beendigung der Belagerung Hanaus durch den kaiserlichen General Lamboy im Jahre 1636 fin-

Hanau: Deutsches Goldschmiedehaus

det alljährlich am 13. Juni das *Lamboyfest* statt. – Zu Ausflügen laden die *Wetterau* und das *Ronneburger Hügelland* ein.

🛈 Verkehrsverein, im DER-Reisebüro, Nürnberger Str. 41, Tel. (0 61 81) 2 40 21.

🚄 Über Frankfurt a. M. in alle Richtungen.

🚌 Vom Freiheitsplatz Bahn- und Postbusse in alle Richtungen; „Bäderbus" nach Bad Orb, Bad Brückenau, Bad Kissingen und Bad Neustadt.

🏨 „Royal", „Europa" (garni), „Birkenhof", „Golf-Club".

🍴 „Zum Elefanten", Café Menges, „Posthotel" (garni), „Zum Riesen".

⛺ Bärensee (7 km nordöstlich).

🏊, 🚣, Wassersport, Tennis, Reiten, Golf.

Zur Fahrt durch das Kinzigtal nach Gelnhausen bieten sich die B 40 und die B 43 an. Die B 40 berührt **Langenselbold** (119 m; 10 000 Einw.; 10 km; fachwerkgesäumter Marktplatz, Schloß der Fürsten von Isenburg-Birstein, 18. Jh.).

Die Alternativ-Route führt von Hanau auf der B 43 durch die *Bulau.* Vorbei an

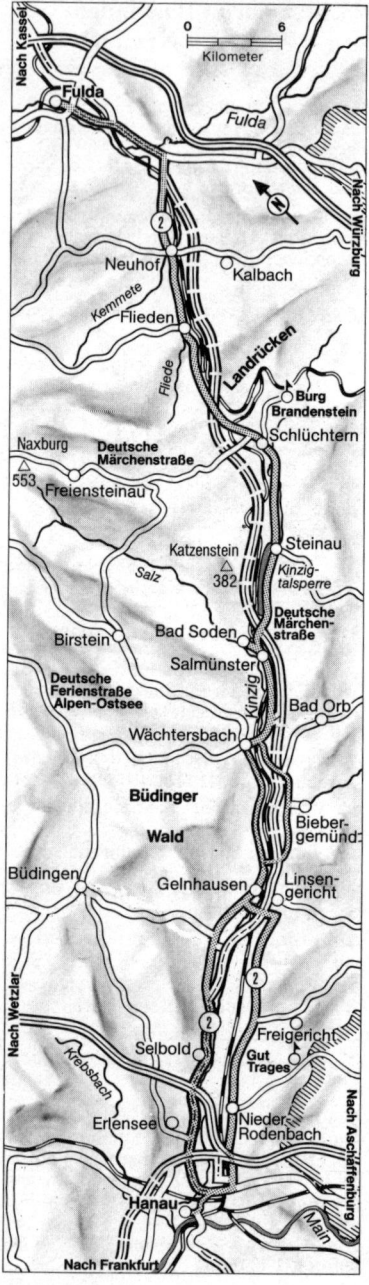

Forstamt und Klosterruine *Wolfgang* erreicht man

Rodenbach (150 m; 9800 Einw.), 9 km. Im Ortsteil *Niederrodenbach* findet man Reste einer mittelalterlichen Ringmauer mit Wehrturm. Der Aussichtsturm auf dem nahen *Buchberg* gewährt Ausblicke auf das Kinzigtal und den Großen Feldberg im Taunus. Auf *Gut Trages* (6 km südöstlich über Oberrodenbach) scharte der Rechtsgelehrte Carl von Savigny im 19. Jahrhundert die jüngeren Dichter der Romantik um sich.

🛈 Gemeindeverwaltung, Tel. (0 61 84) 64 58.

⌂ „Haus Barbarossa". – ⚠.

Über *Neuenhaßlau-Hasselroth* und den Stadtteil *Meerholz* (mit Schloß) geht es in das Zentrum der Stauferstadt

Gelnhausen (s. Route 5), 25 km.

Nördlich der Kinzig über *Haitz* oder südlich über *Wirtheim* (Ortsteil von Biebergemünd, s. Route 4; Amtshaus, keltischer Ringwall, Schwarzwildfütterung) erreicht man auf der B 40 den staatlich anerkannten Erholungsort

Wächtersbach (148–400 m; 10 000 Einw.), 34 km. Die Geschichte des Städtchens ist seit über 500 Jahren eng mit dem Fürstengeschlecht Ysenburg verbunden. In dessen *Schloß* befindet sich derzeit eine Ausbildungsstätte des Deutschen Entwicklungsdienstes. Besichtigt werden kann die Fürstliche Brauerei Schloß Wächtersbach. Sehenswert sind die malerische *Pfarrkirche* aus dem 14. Jahrhundert und das *Heimatmuseum* im Fachwerk-Rathaus von 1495.

🛈 Stadtverwaltung, Am Schloßgarten 1, Tel. (0 60 53) 92 13.

🚢 Frankfurt a. M., Fulda, Bad Orb.

🚌 in alle Richtungen.

🏨 „Zum Schützenhaus". – ⌂ „Heinhof".

🚗, Tennis, Reiten; Fahrradverleih, Kutschfahrten.

Parallel zur B 40 verläuft ein neues Teilstück der Autobahn. Bald taucht am Fuße des Stolzenbergs

Bad Soden-Salmünster (150–360 m; 12 500 Einw.), 42 km auf. Den Kurort Bad Soden prägen malerische Fachwerkhäuser und ein modernes Thermalsole-Bewegungszentrum. Bei Herz- und Kreislauferkrankungen, Rheuma und Katarrhen werden Heilerfolge verzeichnet. Wahrzeichen des Heilbades ist die Ruine *Stolzenberg*. Auf der Burg, im 13. Jahrhundert errichtet, im 16. Jahrhundert verfallen, hat schon Luther übernachtet. Der erhaltene Bergfried wurde zum Aussichtsturm ausgebaut (reizvoller Blick auf das Kinzigtal). Am Fuße des Burgbergs steht das 1536 im Renaissancestil erbaute *Hutten-Schlößchen*.

Salmünster, 900 als „Salchenmunster" erwähnt, war vermutlich karolingisches Königsgut. Später gelangte es in den Besitz des Fuldaer Hochstifts. Das Franziskanerkloster wurde 1319 gegründet. Die von Andreas Gallasine errichtete Klosterkirche *St. Peter und Paul* zeigt eine prachtvolle Innenausstattung im „Fuldaer Barock".

🅸 Verkehrsverein, Badestr. 8, Tel. (0 50 56) 14 33.

⚏ An der Strecke Frankfurt a. M.– Kassel.

🚌 In allen Richtungen.

🏨 „Landhotel Betz".

🏨 „Hubertus", „Royal".

🏊, ⚓; Tennis, Reiten, Angeln, Minigolf.

Nach kurzer Fahrt auf der B 40, an der *Kinzigtalsperre* entlang, taucht in anmutiger Landschaft zwischen Spessart, Rhön und Vogelsberg

Steinau (173–400 m; 10 000 Einw.), 5 km, auf, historisch bedeutsamer Mittelpunkt einer aus elf Ortsteilen bestehenden Gemeinde an der alten Handelsstraße von Frankfurt am Main nach Leipzig. Im alten *Amtshaus* (1562) verbrachten die Brüder Grimm ihre Jugend. Ihr Vater war Amtmann in Steinau. Eine *Gebrüder-Grimm-Gedenkstätte* zeigt hier zahlreiche Dokumente des Wirkens der beiden Märchensammler und Sprachforscher. In unmittelbarer Nähe des Amtshauses befindet sich das Steinauer Marionettentheater *Die Holzköppe* (über 300 Figuren).

Das Ortsbild wird beherrscht von dem 1528–1556 auf den Resten einer alten Wehrburg errichteten *Renaissanceschloß*.

Am „Kumpen" (Marktplatz) steht das *Rathaus* aus dem 16. Jahrhundert mit großer Markthalle. Die gotische *Katharinenkirche* (bereits 1273 erwähnt) trägt den Namen der Schutzpatronin Steinaus, der heiligen Katharina von Alexandria. Die *Reinhardskirche* (1665–1736) und die *Welsbergkapelle* (1616) auf dem alten Friedhof wurden im Barockstil erbaut.

Etwa 3 km nördlich, nahe der Straße nach Freiensteinau, liegt die Tropfsteinhöhle *Teufelsloch*, die besichtigt werden kann. Zu Steinau gehört auch das Töpferdorf *Marjoß* (11 km südöstlich).

🅸 Städt. Verkehrsamt, im alten Amtshaus, Tel. (0 66 63) 50 21-50 23.

Mehrere Gasthöfe. – ⚓.

Schlüchtern (206–550 m; 14 000 Einw.), 56 km, ein Luftkurort, zu dem auch 12 Dörfer der Umgebung gehören, besitzt mit der **Krypta* (8. Jh.) seines ehemaligen Benediktinerklosters das älteste Bauwerk des Kinzigtals. Sehenswert sind auch die gotische *Klosterkirche mit Kreuzgang*, die *Katharinenkapelle* (um 1100) mit dem Grabstein des reformatorischen Abtes und Melanchthon-Freundes Petrus Lotichius (1501–1567), die *Andreaskapelle* (um 1200) und die *Huttenkapelle* (1345) mit der Gruft des auf der nahegelegenen Burg Steckelberg ansässigen Adelsgeschlechtes von Hutten (Klosterführungen nach Vereinbarung).

Im *Lauterschen Schlößchen* (1440) ist das *Heimatmuseum* untergebracht mit Brüder-Grimm-Stube, Hutten-Stube und zahlreichen Gegenständen des Handwerker-, Bauern- und Klosterlebens. Der Turm der Stadtkirche *St. Michael* (1842) stammt noch aus dem 14. Jahrhundert. Das *Rathaus* von 1573 wurde 1976 durch einen Neubau erweitert.

Auf *Burg Brandenstein* (Stadtteil Elm) hat Isa Gräfin Brandenstein, eine Enkelin des Grafen Zeppelin (Erfinder des nach ihm benannten Starrluftschiffes), ein *Holzgerätemuseum* eingerichtet. Auf *Burg Steckelberg* (heute Burgruine) wurde 1488 der Dichter und Humanist Ulrich von Hutten geboren. *Schloß Ramholz* (Stadtteil Vollmerz), im 16. Jahrhundert von der Familie von Hutten erbaut, ist jetzt Eigentum des Freiherrn von Kühlmann-Stumm.

🅸 Städtisches Verkehrsbüro, im Rathaus, Grabenstr. 10, Tel. (0 66 61) 80 41-80 43.

⚏ Strecke Frankfurt a. M.–Kassel.

🚌 In alle Richtungen.

🏨 „Löwen".

⛉ „Fernblick", „Acisbrunnen".

🏊, 2 ⚓; Reiten, Tennis, Schießen, Angeln.

Weiter geht es auf der B 40 in nordöstlicher Richtung, den *Landrücken*, einen 370 m hohen Basalthöhenzug querend, im *Fliedetal* über *Flieden* und *Neuhof* bis zur B 27, die nordwärts nach *Fulda*, 84 km, führt.

Route 3: Kahl – Alzenau – Michelbach – Mömbris – Schöllkrippen – Wiesen – Villach – Bad Orb (64 km)

Besonders zur Obstbaumblüte lohnt sich die Fahrt auf dieser Route, die insgesamt sehr kurvenreich ist. Im ersten Abschnitt führt sie durch das Tal der *Kahl*. Der Spessart ist an seinem Nordwestrand zunächst flachwellig mit Kieferbewuchs und weiter Buschlandschaft. Mit dem Erreichen des bis 436 m hohen *Hahnenkamms* bei Alzenau wird er dann zunehmend hügeliger. Auf dem letzten Drittel der Strecke fährt man kilometerweit durch dichtes Waldgebiet mit zahllosen Wandermöglichkeiten. Man sollte sie nutzen und das Auto auch einmal hier und da abstellen.

Der *Kahlgrund* war in früheren Zeiten das am dichtesten besiedelte Gebiet des Spessarts. Seine Bewohner waren relativ wohlhabend. In seinem Bericht über „Die Noth im Spessart" stellte 1852 der bekannte Arzt und Politiker Rudolf Virchow fest, daß im Kahlgrund, die Häuser geräumiger, gewöhnlich auch freundlicher und reinlicher seien als anderswo im Waldgebirge.

Man beginnt die Reise auf historischem Boden. An der Mündung der Kahl in den Main wurden 213 n. Chr. die Alemannen von den Römern vernichtend geschlagen.

Kahl (108 m; 8000 Einw.) ist ein lebhaftes Industriestädtchen an der Bundesstraße 8 zwischen Hanau und Aschaffenburg. Der Ort wurde erstmals 1258 urkundlich erwähnt. Am Stadtrand befindet sich das erste Kernkraftwerk der Bundesrepublik (1961).

Sehenswert sind das *Rathaus* (1580) an der Hauptstraße und die *Taufkapelle* der 1759 erbauten katholischen Kirche (mehrfach umgebaut). Ein Eldorado für Camping- und Wassersportfreunde ist die 120 ha große *Kahler Seenplatte,* mit Regen- und Grundwasser gefüllte ehemalige Braunkohlen-, Kies- und Sandgruben. Ein lohnender Wanderweg: der Naturpark-Lehrpfad *Langer See.* Er führt über eine inzwischen bewaldete Abraumhalde des Braunkohlenbergbaus (jetzt Vogelparadies) an einem Reststück des Ur-Mains entlang.

2 km nördlich von Kahl liegt in einem Park das *Schloß Emmerichshofen,* ein 1760 errichteter Landadelssitz im Rokokostil im Besitz des Freiherrn Waitz von Eschen (Außenbesichtigung möglich).

🅸 Stadtverwaltung, Tel. (0 61 88) 25 00.
🚄 Frankfurt a. M., Würzburg; Lokalbahn nach Schöllkrippen.
🚌 Aschaffenburg, Hanau, Alzenau.
⛺ „Zeller".
🏨 „Bayerischer Hof", „Zum Schwanen".
🔺. – ⬛, 🍽.

Alzenau (114–175 m; 15 000 Einw.), 6 km, das man nach Passieren der Autobahn weiter östlich im Kahltal aufwärts erreicht, umfaßt auch die Stadtteile *Hörstein, Michelbach, Albstadt, Kälberau* und *Wasserlos,* die zugleich bekannte Frankenweinorte sind. Urkundlich wird der Ort erstmals 953 als „Willmundsheim" erwähnt. 1401 erhielt er von Kaiser Ruprecht von der Pfalz Stadtrecht, ohne allerdings davon Gebrauch zu machen. Wie zahlreiche andere Kahlgrund-Gemeinden wurde Alzenau im 17. Jahrhundert von Krieg und Pest heimgesucht. Bei der Teilung des Freigerichts Willmundsheim, dessen Hauptort Alzenau war, im Jahre 1740 blieb es bei Kur-Mainz. 1816 kam es zu Bayern. Knapp 50 Jahre später wurde es Kreissitz. 1951 erhielt Alzenau erneut Stadtrechte.

Beherrschendes Wahrzeichen der Stadt ist die **Burg,* die Ende des 14. Jahrhunderts von den Mainzer Erzbischöfen zum

Burg Alzenau

Schutze ihrer Besitzungen im Freigericht errichtet wurde. Die spätgotische Anlage, 1975 teilweise restauriert, dient heute als Tagungsstätte. Im Sommer Besichtigungen.

Die *katholische Pfarrkirche*, 1754–1785 auf den Mauern einer aus dem 9. Jahrhundert stammenden Kapelle erbaut, schmücken zwei Rokoko-Seitenaltäre und die vermutlich aus der Werkstatt J. W. van der Auweras stammende Kanzel.

Alzenau ist von rund 2800 ha Wald umgeben. 83 km markierte Wanderwege laden ein. Lohnende Ausflugsziele sind der *Hahnenkamm* (436 m) mit dem Aussichtspunkt *Ludwigsturm* (1½ Std. östl.) und der *Altmarkskopf* (269 m; 1 Std. nördl.). Über *Wasserlos* lohnt sich ein Abstecher in den seit 1975 zu Alzenau gehörenden Winzerort *Hörstein*. In der Sakristei der katholischen Kirche befindet sich eine wertvolle Figurengruppe der hl. Anna (Schlüssel im Pfarramt).

🛈 Verkehrsverein, im Rathaus, Hanauer Str. 1, Tel. (0 60 23) 10 91 und 10 46.

🚃 Kahl, Schöllkrippen (Kahlgrundbahn).

🚌 in alle Richtungen.

🛏 „Schloßberg", „Zur Krone".

🍴 „Käfernberg", „Fränkischer Hof".

🏊, 🚣. – Reiten, Tennis, Minigolf, Angeln, Schießen.

Der Weinort *Kälberau*, 8 km, gehört noch zu Alzenau. Hier sollte man die Wallfahrtskirche *Maria zum rauhen Wind* besuchen. Neben einer Wallfahrtskapelle mit Gnadenbild aus dem 14. Jahrhundert errichtete der Würzburger Dombaumeister Hans Schädel (s. S. 8) Mitte der fünfziger Jahre eine neue Kirche und verband beide Sakralräume durch ein zeltförmiges Zwischengebäude. Im alten Gutshof neben der Kirche befindet sich seit 1962 zur Betreuung der Wallfahrer eine Niederlassung der Pallottiner.

Vorzüglicher Frankenwein gedeiht auch in *Michelbach*, 9 km, ebenfalls ein Stadtteil von Alzenau. Die *katholische Kirche* mit einem Grabstein für die 1773 verstorbene Freiin von Wrede und deren Kinder wurde 1981 renoviert. Am Ortsrand steht das aus einer Wasserburg des 16. Jahrhunderts hervorgegangene ehemals *Wredesche Schloß*, heute Altersheim.

In Michelbach biegt man rechts ab nach *Niedersteinbach*, einem von 19 Ortsteilen der Kahlgrundgemeinde

Mömbris (155–183 m; 10 600 Einw.), 17 km, wo die kurvenreiche Straße nun die Schienen der Kahlgrundbahn kreuzt, die in vielen Windungen an Weinbergen vorbei dem Flußlauf folgt. Die 1783 erbaute *Kirche* von Mömbris besitzt eine reliefgeschmückte über 500 Jahre alte Glocke und

schöne Grabdenkmäler. In der Nähe des Friedhofs befinden sich Reste der *Womburg*, einer 1405 zerstörten Raubritterburg. Alljährlich Anfang Mai feiert Mömbris sein bekanntes *Apfelblütenfest*. Der Wallfahrtsort *Mömbris-Hohl* (5 km westl.) begeht am zweiten Sonntag im Mai das *Grottenfest*.

🛈 Gemeindeverwaltung, Schimborner Str. 6, Tel. (0 60 29) 2 15 und 2 16.

🚃 Kahl, Schöllkrippen (Kahlgrundbahn).

🚌 Aschaffenburg, Alzenau.

🍴 „Kempf", „Heimbacher Mühle", „Kern".

🏊. – Angeln, Tennis.

Man passiert die Obstbaugemeinde *Schimborn* (185 m; 2400 Einw.), 19 km, und erreicht bald die Ortsteile *Kaltenberg* und *Königshofen* (1872 erbaute Kirche mit Rokokoorgel und wertvoller Madonna aus dem 15. Jh.).

Über *Erlenbach* kommt man nach *Blankenbach* (240 m; 1200 Einw.; 2 🍴), 23 km, das eine Kirche mit Barockaltar sowie mehrere Kelterein besitzt. Von hier aus lohnt sich ein Abstecher in ein Seitental der Kahl: nach den Ferienorten *Krombach* (3 km), der ältesten Gemeinde des oberen Kahltals, und *Geiselbach* (8 km), Schauplatz des alljährlichen Blumenfestes und Ausgangspunkt für Wanderungen zum Kreuzberg (388 m) und in den Teufelsgrund.

Auf der Weiterfahrt von Blankenbach nach Schöllkrippen bietet sich ein Abstecher in die entgegengesetzte Richtung an: nach *Sommerkahl* mit dem Ortsteil *Vormwald* (2 km). Der Ferienort weist als besondere Attraktion stillgelegte Kupferbergwerke auf.

Schöllkrippen (205–350 m; 2900 Einw.), 26 km, Zentrum des oberen Kahlgrundes, liegt inmitten eines alten Siedlungsgebietes am Zusammenfluß der beiden Quellflüsse der Kahl. Unmittelbar am Ortseingang erhebt der wuchtige Zwiebelturm der romanisch-gotischen Pfarrkirche *Ernstkirchen*. Teile des alten Kurmainzer *Schlosses* im Dorf werden als Rathaus genutzt. Gut erhalten ist die dazugehörige gotische *Kapelle* mit dem steinernen *Wehrturm*. Sehenswert sind auch die *Zehntscheune* und mehrere alte *Fachwerkhäuser* im Ort.

Mehrere Wanderwege führen zur *Alten Burg* (3 km außerhalb), Resten einer einstigen keltischen Fliehburg aus dem 5. Jahrhundert.

🅷 Verkehrsverein, Tel. (0 60 24) 10 25.
🚆 Kahl.
🚌 Aschaffenburg.
🏨 „Berghotel Sonnenblick".
⌂ „Spessartblick".
🎾. – Tennis, Reiten, Angeln.

Statt nun direkt über *Groß-Laudenbach* und *Groß-Kahl* nach dem Ferienort Wiesen zu fahren, wählt man einen reizvollen Umweg, der auf kurvenreicher Straße fast 15 km durch ein weites Waldgebiet führt.

Dazu biegt man in Schöllkrippen bei der Pfarrkirche Ernstkirchen von der Hauptstraße in Richtung *Vormwald* ab und erreicht nach 9 km auf einer Waldlichtung das bewirtschaftete *Waldhaus Engländer* und die *Spessart-Höhenstraße.* 1 km weiter südöstlich liegt *Jakobsthal,* ein Ortsteil des staatlich anerkannten Luftkurortes *Heigenbrücken* (300–560 m; 2400 Einw.).

Man folgt der Spessart-Höhenstraße nordwärts in Richtung Wiesen. Mehrere schattige Parkplätze im Staatsforst links und rechts der Straße sind Ausgangspunkte von Wanderungen und Spaziergängen.

Nach 7 km ist die direkte Straße von Schöllkrippen durch den oberen Kahlgrund nach Wiesen erreicht, in die man nach Osten einbiegt.

Wiesen (410 m; 1100 Einw.), 43 km, ist ein idyllisch gelegener Erholungsort am oberen Ende des Aubachtales. Er liegt an der Deutschen Ferienstraße Alpen-Ostsee, die von hier aus durch weite Laubwälder und das Lauberbachtal nach Framsersbach zieht (s. Route 4). Seine Entstehung verdankt der Ort den Mainzer Kurfürsten, die hier ein Jagdschloß errichteten und ihre Jagden abhielten. Sehenswert sind das *Pfarrhaus* aus dem 16. Jahrhundert und die renovierte *Pfarrkirche* aus dem 18. Jahrhundert. Ein beliebtes Wanderziel ist das 3 km entfernte *Naturschutzgebiet Wiesbüttsee* (Restaurant und 🏕), das an der bayerisch-hessischen Grenze liegt. Der Wiesbüttsee wurde im 18. Jahrhundert zur Versorgung des Bieberschen Bergwerkes aufgestaut. Er ist von Moor umgeben.

🅷 Gemeindeverwaltung, Tel. (0 60 96) 3 75.
🚌 Lohr, Aschaffenburg.
⌂ „Bamberger Mühle", „Forellenhof".
🏕.

Vorbei am *Jagdhaus Wiesbüttsee* (🏕) erreicht man 6 km bei *Flörsbach* die Bundesstraße 276. Man bleibt auf der Spessart-Höhenstraße, kreuzt die Bundesstraße und erreicht bei Villbach das *Orber Reisig,* einen bewaldeten Höhenzug südwestlich von Bad Orb. Der Weiler *Villbach* am Beilstein gehörte wie das nahegelegene *Lettgenbrunn* zu einem ehemaligen Truppenübungsplatz und wurde erst nach dem Zweiten Weltkrieg wieder besiedelt. Es ist heute ein beliebtes Ausflugsziel.

Beim *Jagdhaus Horst* biegt eine 8 km lange, abschüssige Straße nach links ab. Sie führt direkt nach Bad Orb. Etwas länger (11 km) ist die über das *Kinderdorf Wegscheide* führende Hauptstraße.

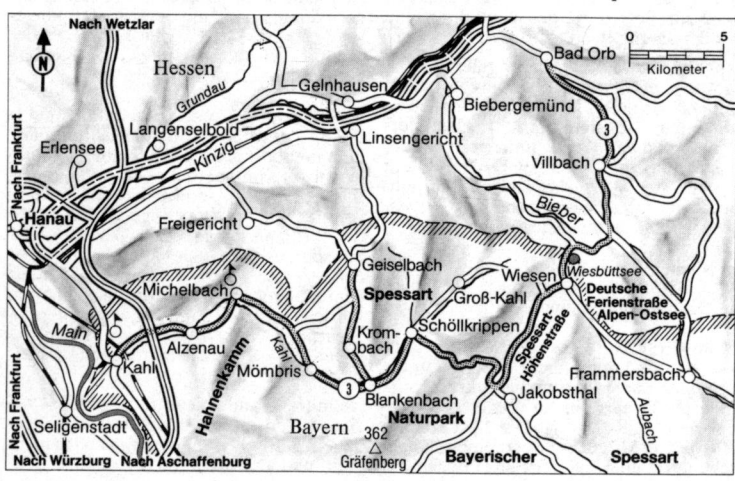

Bad Orb (170–540 m; 8400 Einw.), 64 km, im Tal des Orbbachs, eines Seitentals der Kinzig, das bekannte Herzbad im Spessart, ist ein malerisches Städtchen. Es bezaubert vor allem durch seine Fachwerkhäuser. Seine Salzquellen wurden schon 1064 urkundlich erwähnt, als Kaiser Heinrich IV. Ort, Burg und Salzbrunnen dem Erzstift Mainz schenkte. Jahrhundertelang wurden sie zur Salzgewinnung genutzt, bis 1837 der Apotheker Leopold Koch in einer Badeanstalt auch für Heilzwecke anwendete. Heute kommen jährlich etwa 60 000 Kurgäste nach Bad Orb, stehen in einer Vielzahl von Sanatorien, Hotels und Pensionen 8000 Fremdenbetten zur Verfügung.

Bad Orb: Marktbrunnen

Zu Badekuren dienen nunmehr die *Philipps-* und die *Ludwigsquelle,* eisenhaltige Natrium-Chlorid-Säuerlinge mit starkem Gehalt an freier Kohlensäure, zu Trinkkuren die *Martinsquelle,* ein eisenhaltiger Kalziumchlorid-Säuerling. Die Orber Quellen finden Anwendung vor allem bei Herz-, Kreislauf- und rheumatischen Erkrankungen.

Im 1969 eingeweihten, nach Leopold Koch benannten *Kurmittelzentrum* befinden sich mehrere Mineralsolebewegungsbäder. Dort und in zwei weiteren Badehäusern werden auch natürliche Kohlensäurebäder, Kohlensäure-Trockenbäder, Fangopackungen und Massagen verabreicht. Im 8 ha großen Kurpark lädt das letzte von einst zehn *Gradierwerken* zur Freiluftinhalation ein. Die *Konzerthalle,* Mittelpunkt des vielfältigen Unterhaltungsprogramms, wurde 1957 eingeweiht.

Zu den historischen Sehenswürdigkeiten des Badeortes zählen die malerischen Fachwerkhäuser in der *Hauptstraße,* der *Kirchgasse* (Nr. 23 das kleinste Haus Deutschlands) und der *Obertorstraße.* Die Altstadt ist teilweise noch von einer mittelalterlichen *Stadtmauer* umgeben.

Die auf einem Hügel gelegene *St. Martinskirche* stammt aus dem 14. Jahrhundert. Sie entstand an der Stelle einer romanischen Burgkapelle. In ihrem Innern birgt sie die Haupttafel des berühmten *Orber Altarbildes,* eine Kreuzigungsszene des „Meisters der Darmstädter Passion". Die um 1440 entstandene Arbeit gilt als eines der wichtigsten Werke der mittelrheinischen Malerei des Mittelalters. Die Originale der beiden Flügelbilder befinden sich im Bode-Museum, dem früheren Kaiser-Friedrich-Museum, in Berlin. Sie wurden durch Kopien ersetzt. Dargestellt sind die Verehrung des wiederaufgefundenen Kreuzes durch Kaiser Konstantin und dessen Mutter und die Anbetung des Jesuskindes durch die drei Weisen aus dem Morgenland. Im Chorraum befinden sich Wandmalereien aus dem 14. Jahrhundert, die 1936 freigelegt wurden, in der Chornische des südlichen Seitenschiffs eine Holzplastik der ausgehenden Gotik (Grablegung Christi). Bemerkenswert ist auch die barocke Kanzel mit dem Wappen der Grafen Schönborn.

Der nördlich der Kirche gelegene hohe dreigeschossige Steinbau war vermutlich der Palas der ehemaligen *Burg.* Mauerteile stammen noch aus staufischer Zeit.

170 km markierte Wanderwege bietet Bad Orb seinen Gästen, Rundwanderwege vom leichten Spaziergang bis zur mittelschweren Tageswanderung. Beliebte Wanderziele sind *Wildpark* (mit Rothirschen), *Orb-* und *Haseltal,* die Ringwälder *Altenburg, Haselberg, Hühnerberg* (340 m), *Sommerberg* (487 m) und *Bieberhöhe* (533 m). Der *Naturpfad Wegscheide* macht mit Waldgeschichte und Forstwirtschaft bekannt. In Bad Orb nimmt auch der *Eselsweg* seinen Ausgang, ein mit E bezeichneter Fernwanderweg, auf dem einst Esel das Bad Orber Salz nach Miltenberg am Main brachten.

🛈 Verkehrsverein, am Untertor, Tel. (0 60 52) 10 15; Kurverwaltung, Kurparkstr. 1, Tel. (0 60 52) 20 02.

🚌 Frankfurt a. M., Bebra (über Wächtersbach).

🚍 in alle Richtungen.

🏨 „Hohenzollern-Haus Roseneck".

🏨 „Elisabethpark", „Madstein", „Orbtal", „Royal", „Weißes Roß".

⌂ „Hiller", „Helvetia", „Fernblick".

⚓. – 🏞, 🚙. – Tennis, Golf, Minigolf, Boccia, Reiten, Angeln.

Route 4 (Deutsche Ferienstraße Alpen–Ostsee): Gelnhausen – Biebergemünd – Wiesen – Frammersbach – Partenstein – Lohr – Rechtenbach – Rothenbuch – Weibersbrunn – Mespelbrunn – Eschau – Elsenfeld – Obernburg (115 km)

Zu einer Entdeckungsreise in die deutsche Vergangenheit lädt diese Route ein, die der *Deutschen Ferienstraße Alpen–Ostsee* folgt. Jeder der oben aufgeführten Orte lädt zum Verweilen ein, weist historische Besonderheiten auf und bietet sich als Ausgangspunkt für lohnende Abstecher an. Die Strecke führt in einem weiten Bogen durch reizvolle Täler vom nordöstlichen zum südwestlichen Rand des Spessarts. Wer es sich leisten kann, sollte mehr als einen Reisetag vorsehen.

🅙 Deutsche Ferienstraße Alpen–Ostsee, Parkstr, 6, 3588 Homberg (Efze), Tel. (0 56 81) 7 12 76.

Man verläßt *Gelnhausen* (s. Route 5) auf der B 40 und biegt bei *Wirtheim*, 7 km, auf die B 276 nach

Biebergemünd (135–220 m; 7100 Einw.), 8 km. Die Gemeinde im Vorspessart besteht aus den Ortsteilen *Wirtheim, Biebergemünd, Kassel, Lanzingen, Breitenborn, Roßbach* und *Bieber*, 18 km, die man nacheinander berührt.

Wirtheim wurde ebenso wie Kassel bereits 976 urkundlich erwähnt. Sehenswert sind hier das alte *Amtshaus* (15. Jh.), die *Pfarrkirche* mit schöner Kreuzigungsgruppe, die *Alte Mühle* sowie Reste eines *keltischen Ringwalls*. Im *Saupark* findet täglich eine Wildschweinfütterung statt.

Die *Altenburg* (338 m) bei Kassel ist die größte und am besten erhaltene Höhenburg dieses Gebietes. Hier befinden sich Reste eines *keltischen Ringwalles*.

Bieber war bereits 1339 Sitz eines Gerichtes des Erzstiftes Mainz. Seine Gemarkung ist zu 70 Prozent mit Wald bedeckt. Lohnenswert ist ein Besuch der gotischen *Pfarrkirche* (im 17.–18. Jh. erbaut, später erneuert, mit Kanzel von 1797) und der *Oberen Kirche* (im Friedhof gelegene Wehranlage aus dem 12. Jh. mit romanischem Chorturm). Auf dem nahen Burgberg erhebt sich die *Mauritiuskapelle* (14. Jh., seit 1858 Wallfahrtsort).

Im oberen Biebertal wurde vom 16. bis 19. Jahrhundert nach Silber, Kupfer und Blei geschürft.

🅙 Verkehrsverein Biebergemünd-Kassel, Tel. (0 60 50) 74 60; Gemeindeverwaltung Biebergemünd, Tel. (0 60 50) 70 30 und 75 10; Verkehrsverein Bieber, Tel. (0 60 50) 17 07.

🚍 Frankfurt a. M., Fulda (über Wirtheim).

🚆 Gelnhausen, Lohr, Bad Orb.

🏨 „Wolf". – ⌂ „Zur Krone".

△, ⚠, 🛶.

Hinter *Bieber* steigt die Ferienstraße leicht an durch Waldgebiet bis zum Fuß der *Flörsbacher Höhe* und biegt dann rechts ab in Richtung Wiesen. Bald öffnet sich der Wald. An einem Campingplatz lädt eine urige Spessartwirtschaft zur Rast ein. Schon taucht hart an der bayerisch-hessischen Grenze der *Wiesbüttsee* (Naturschutzgebiet) auf, ein Moorsee, der im Sommer zum Baden auffordert. Er wird von den Wässern des einzigen Hochmoores im Spessart gespeist.

Bald ist *Wiesen* (s. Route 3) erreicht. Hier wird wie im nahen Frammersbach ein gutes Bier gebraut. Weite Laubwälder umfangen nun die Ferienstraße. Durch das Lauberbachtal geht es abwärts nach Frammersbach.

Frammersbach (218–567 m; 4800 Einw.), 42 km, staatlich anerkannter Erholungsort im Lohrtal mit dem Ortsteil *Habichtsthal*, bezeichnet sich als „Ferieninsel im Naturpark Spessart". Es ist der größte Ferienort im Main-Spessart. Der Marktflecken war schon im 12. Jahrhundert als Sitz einer bedeutenden Fuhrmannszunft bekannt. „Frammersbach Fuhrleut'" (einer von ihnen ist im Gemeindewappen dargestellt) waren bis zum Ausbruch des Dreißigjährigen Krieges im Dienste der großen Handelshäuser, aber auch auf eigene Rechnung, auf allen großen europäischen Handelswegen zu finden. Entscheidenden wirtschaftlichen Aufschwung erhielt der Ort durch die Spessarter Glashütte und die Birkenhainer Straße, einen alten Verkehrsweg, der quer durch den Spessart zieht, einst Grenze zwischen oberrheinischem und niederrheinischem Kreis, heute Grenze zwischen Hessen und Bayern. Letzte Vertreter der Frammersbacher Fuhrmannszunft zogen als „Leinreiter" im 19. Jahrhundert mit Pferden Schiffe mainaufwärts bis Würzburg.

Sehenswert ist auf dem *Auberg* (387 m) die *Heiligkreuzkapelle* mit ihrem 600jährigen Kreuzaltar. Die Kapelle diente lange Zeit als gemeinsames Gotteshaus für die umliegenden Glashüttensiedlungen. Alljährliche *Köhlerfeste* am Rande des Lauberbachtales erinnern an die früheren Köhlermeiler des Gebiets.

Wanderwege führen u. a. zur *Skihütte* (am Wochenende bewirtschaftet) und über *Waldschloßbrauerei* und *Grenzkopf* (535 m) zur *Bayerischen Schanz* (544 m).

Verkehrsverein, im Rathaus, Tel. (0 93 55) 8 00; Gemeindeverwaltung, Tel. (0 93 55) 20 01 und 20 02.

Nächste Bahnstation Partenstein.

Lohr, Bad Orb, Gelnhausen.

„Spessartruh“. – „Sonneck“, „Terrassengaststätte Kessler“. – Ferienwohnungen.

modernes Terrassenschwimmbad – Trimm-Dich-Pfad, Wassertretanlage; Wintersportzentrum Sauerberg mit Sprungschanze.

Durch die ausgedehnten Mischwälder des Lohrtals geht die Fahrt weiter nach

Partenstein (195 m; 2800 Einw.), 47 km, ebenfalls ein staatlich anerkannter Erholungsort. Der von urwüchsigen Eichen-, Fichten- und Kieferbeständen umgebene Ferienort verfügt auch über eine lebhafte Kleinindustrie. Auf einem Höhenrücken westlich des Bahnhofs erhebt sich die Ruine des *Jagdschlosses Bartelstein* der Grafen von Rieneck (1631 von Schweden zerstört).

Gemeindeverwaltung, im Rathaus, Tel. (0 93 55) 2 57.

Aschaffenburg, Gemünden.

in alle Richtungen.

„Berghotel Hirtenhof“, „Gästehaus Roßberg“.

Reiten, Tennis, Trimm-Dich-Pfad, Wassertretanlage. Skilaufen (Skilift).

Im Lohrtal abwärts erreicht man *Lohr am Main* (s. Route 1), 54 km. Die Ferienstraße verläßt hier die B 276 und sogleich auch das Maintal. Auf der B 26 führt sie in den Hochspessart: über *Rechtenbach* (s. Route 1) und den *Bischborner Hof*. 4 km weiter biegt sie links ab auf eine gut ausgebaute Nebenstraße nach

Rothenbuch (340 m; 1600 Einw.), 70 km. Der aufstrebende Fremdenverkehrsort verdankt seine Entstehung der Jagdleidenschaft des Kurfürsten Brendel von

Mainz, der hier 1527 ein *Jagdschloß* (jetzt Waisenhaus) mit Forstamt und Forsthaus errichten ließ. Die 1573–1575 erbaute *Schloßkapelle* ist heute Privathaus. Anfang des 17. Jahrhunderts entstand die kurmainzische Glashütte. Sie gehörte zur Lohrer Glasmanufaktur.

Gemeindeverwaltung, Schulstr. 3, Tel. (0 60 94) 12 22.

Nächste Bahnstation Heigenbrücken.

Heigenbrücken.

„Spechtshaardt“.

Zahlreiche Wanderwege, Angeln, Minigolf.

Die Ferienstraße folgt nun weiterhin Nebenstraßen, berührt das Tal der oberen *Hafenlohr* (s. Route 1) und den *Naturpark Metzger* und erreicht die Gemeinde

Weibersbrunn (354–465 m; 2100 Einw.), 76 km. Der Ort entstand aus einer 1710 gegründeten Glashütte. In der Pfarrkirche *St. Johannes Nepomuk* befindet sich eine Kreuzigungsgruppe von 1470.

Gemeindeverwaltung, Tel. (0 60 94) 5 15.

Nächste Bahnstation Aschaffenburg (22 km).

Aschaffenburg, Lohr.

⌂ „Brunnenhof", „Jägerhof".

⊠ – Wanderwege, Wintersport (Skilift).

Bei der Autobahn-Auffahrt Weibersbrunn wird die A 3 (Frankfurt a. M.–Nürnberg) überquert. Westwärts geht es bergab in das Tal der *Elsava* nach *Hessenthal* (Ortsteil von Mespelbrunn; s. Route 1), an dessen Ortseingang man die B 8 kreuzt. Wenig später folgt der Fremdenverkehrsort

Mespelbrunn (285–400 m; 2300 Einw.), 84 km. Eine Nebenstraße führt ostwärts zur Hauptsehenswürdigkeit des Ortes und zu einem der schönsten und meistbesuchten Plätze des Spessarts überhaupt: dem *Wasserschloß Mespelbrunn*. Die inmitten eines fischreichen Weihers gelegene, von dunklen Wäldern umrahmte Schloßanlage enthält zahlreiche Säle mit originaler Ausstattung und wertvollen Sammlungen. Der Nordtrakt mit den Festsälen kann vom 1. März bis 30. November werktags von 9–12 und 13.30–18 Uhr, sonntags von 10–18 Uhr besichtigt werden.

Die Geschichte des Schlosses begann mit der „Wüstung und Hofstätte Zum Espelborn", die der kurmainzische Vicedomus und Forstmeister *Haman Echter I.* 1412 von Kurfürst Johann von Mainz erhielt.

Schloß Mespelbrunn

Sieben Jahre später errichtete Haman I. einen Forsthof, an den heute noch ein kleines efeuumranktes Mühlhaus erinnert. *Hamann II.* ließ die Anlage 1430 befestigen. Es entstand eine kleine Burg mit Bergfried und Wohntrakt. *Peter Echter III.* schließlich war der Bauherr des prächtigen Wasserschlosses im Renaissancestil (1551–1569), das sich bis heute kaum verändert hat. 1648 vermählte sich

die letzte Echter-Tochter mit *Philipp Ludwig von Ingelheim*. Die Grafen Ingelheim, Echter von und zu Mespelbrunn, sind heute noch Besitzer des Schlosses. Sie bewohnen den Süd- und Osttrakt der Schloßanlage.

Sehenswert sind: Im Erdgeschoß des Nordflügels der *Rittersaal* mit farbiger Kassettendecke; die *Kapelle* mit Sternengewölbe, Spitzbogenfenstern, Wand- und Deckenbemalung von 1729 sowie einem Alabasteraltar des fränkischen Bildhauers Michael Kern. Im Treppenturm zahlreiche Jagdtrophäen. Im Obergeschoß der *Speisesaal* mit Jagdszenen und Waffensammlung, der *Ahnensaal* mit zahlreichen Porträts und dem Stammbaum der Familie Echter, das *Geburtszimmer* des berühmten Echter-Sohnes, des Würzburger Fürstbischofs *Julius Echter*, der *Chinesische Salon* mit wertvoller Porzellansammlung und Samurai-Rüstungen, das *Fürstenzimmer* mit Renaissance-Himmelbett, Barockkommoden und Holzschnitten aus Albrecht Dürers Großer und Kleiner Passion. – Die *Gruftkapelle* in der Nähe des Schlosses kann nicht besichtigt werden.

🛈 Verkehrsverein, Tel. (0 60 92) 3 19.

🚌 in alle Richtungen.

⌂ „Schloßgaststätte", „Zum Elsavatal", „Haus am Sonnenhang".

Haus des Gastes (Freizeitzentrum Mespotherm mit ⊠, Sauna, Spiel-, Lese- und Veranstaltungsräumen). – Markiertes Wanderwegenetz, 3 Wassertretanlagen.

Von Mespelbrunn aus geht es in südlicher Richtung durch das *Elsavatal*. Nach kurzer Fahrt erreicht man

Heimbuchental (250–450 m; 2000 Einw.), 96 km. Das langgestreckte „Streifengüterdorf" (die Kurfürsten von Mainz teilten den hier für die Hofjagden angesiedelten Leibeigenen lange Streifenparzellen zur Bewirtschaftung zu), schon 1228 erwähnt, war einst Sitz eines Kurmainzer Amtsvogts. Sehenswert ist die *Rokokokirche* von 1757. Das um 1700 von den Grafen von Ingelheim gegründete Hammerwerk ist jetzt Landgut. Oberhalb des Gutes liegt der Friedhof der Familie Rexroth. Sie war Besitzer der Spessarter Eisenhämmer. Zu Heimbuchental gehört auch *Heimathenhof,* das über 400 Jahre im Besitz der Echter von Mespelbrunn war.

🛈 Verkehrsverein, Hauptstr. 59, Tel. (0 60 92) 5 15.

🚌 in alle Richtungen.

Tennis, Minigolf.

Über den Ferienort *Hobbach* (reizvolle Rokokokirche mit Altarbildern des Darmstädter Malers J. C. Seekatz d. Ä.) und das alte Spessartdorf *Sommerau* (ehemaliges Wasserschloß der Herren von Fechenbach aus dem Jahr 1145) gelangt man nach

Eschau (171 m; 3800 Einw.), 107 km, mit den Ortsteilen *Wildensee* und *Wildenstein*. Der historisch bedeutendste Ort des Elsavatals entstand um die Burg Esche, die von den Grafen von Rieneck im 13. Jahrhundert angelegt wurde. Im Ferienort sind die *evangelische Pfarrkirche* (Chor und Sakristei von 1476, Langhaus von 1745) und das *Fachwerk-Rathaus* aus dem 13. Jahrhundert (unter dem Erker ein mittelalterliches Halseisen) sehenswert. Über dem Ortsteil Wildenstein erhebt sich die *Ruine Wildenstein*, Reste einer Burg der Rienecker Grafen (romanischer Bergfried, gotischer Torbau). Das Wildgehege im Gräflich Erbachschen Wald ist zur *Wildfütterung* täglich ab 16 Uhr gegen Eintritt geöffnet. Wer an Jagden oder Pirschgängen teilnehmen möchte, kann sich dazu im Forsthaus Münzenberg, Tel. (0 93 74) 12 31 anmelden.

Von der 520 m hohen *Geishöhe* (mit Aussichtsturm und Gaststätte), die man nordöstlich des Ortes auf einem Wanderweg über die oben erwähnte Burgruine Wildenstein erreicht, hat man einen weiten Rundblick auf den Naturpark Bayerischer Spessart.

In einem Seitental der Elsava, am Rosselbach, liegt das aus dem 14. Jahrhundert stammende *Wasserschloß Oberaulenbach* (nur Außenbesichtigung möglich).

🛈 Verkehrsverein, Tel. (0 93 74) 17 31.

�"= Nächste Bahnstation Obernburg-Elsenfeld (8 km).

🚌 in alle Richtungen.

🏠 „Zum Engel".

🔲 – Reiten, Schießen, Minigolf.

Man folgt weiterhin dem Tal der Elsava, passiert das ehemalige *Kloster Himmelthal* (wertvolle Deckenfresken und Grabmäler) und erreicht über die Ortsteile *Rück* (Pfarrkirche mit Rokokoaltar) und *Schippach* (St. Piuskirche)

Elsenfeld (125–231 m; 7600 Einw.), 114 km. Die im Mündungsgebiet der Elsava am Main gelegene Großgemeinde ist Sitz bedeutender chemischer und textilverarbeitender Betriebe und verfügt – etwa im Forstwald – über großzügige Freizeit- und Erholungseinrichtungen. Im Ortsteil Ei-

chelsbach ist der Musterhof *Haus der Bäuerin* sehenswert.

🛈 Verkehrsverein, Tel. (0 60 22) 84 18; Gemeindeverwaltung, Tel. (0 60 22) 90 65.

�"= Aschaffenburg, Frankfurt a. M., Würzburg, Ulm.

🚌 Aschaffenburg, Miltenberg.

🏠 „Schöne Aussicht", „Elsenfelder Hof".

🔲, 🚣. – Tennis, Reiten, Schießen, Angeln, Rollschuhbahn, Trimm-Dich-Pfad.

Auf der gegenüberliegenden Mainseite, an der Mündung der *Mümling*, liegt inmitten ausgedehnter Obsthaine

Obernburg (124–146 m; 7000 Einw.), 115 km. Die malerische Kleinstadt entstand aus einem bereits seit 83 n. Chr. nachweisbaren Römerkastell am Limes, dem einstigen Grenzwall zwischen der römischen Provinz Germania superior und dem freien Germanien. 1313 wurde Obernburg zur Stadt erhoben. Mitte des 15. Jahrhunderts wurde die Stadtbefestigung vollendet, die dem Ort noch heute sein Gepräge gibt. Bauernkrieg und Dreißigjähriger Krieg brachten Not und Bedrückung. Im Jahre 1814 kam Obernburg an Bayern.

Neben mehreren alten Bürgerhäusern sind das *Museum Römerhaus* (wertvolle Funde aus der Römerzeit) und die moderne *Stadtpfarrkirche* (1964; mit spätgotischem Turm) sehenswert. Hier liegt Johannes Obernburger begraben, der Geheimsekretär Kaiser Karls V. Gut erhalten ist die mittelalterliche *Stadtbefestigung* mit Mauer, Türmen und Toren. Wahrzeichen ist der *Almosenturm*. Einen schönen Überblick über die Stadt erhält man vom *Runden Turm*. Reizvoll ist auch ein Spaziergang rund um die alte *Stadtmauer*.

Vom *Stadtberg* (eine Wanderstunde westlich) und von der *Karlshöhe* (1½ Std. südlich) genießt man eine weite Aussicht auf Stadt und Maintal sowie die Waldhöhen von Spessart und Odenwald.

Alljährlich im Mai/Juni begeht Obernburg sein beliebtes *Apfelblütenfest*.

🛈 Stadtverwaltung, Römerstraße 62, Tel. (0 60 22) 90 34.

�"= Obernburg-Elsenfeld.

🚌 Aschaffenburg, Miltenberg.

🏠 „Zum Karpfen".

🏠 „Zum Löwen", „Römerhof".

⚓. – 🔲, 🚣. – Wassersport, Tennis, Angeln, Reiten, Schießen.

Route 5: Gelnhausen – Bad Orb – Burgjoß (– Jossa) – Aura – Fellen – Burgsinn – Rieneck – Gemünden (55 km)

Durch den nordöstlichen Grenzbereich des Spessarts und an die Ausläufer der Rhön führt diese Route, die sich im wesentlichen mit dem ersten Abschnitt der neuen Ferienstraße *Durchs Weinland der Franken fahren*, Teilstück der Deutschen Ferienstraße Alpen–Ostsee, deckt.

Gelnhausen (141 m; 19 000 Einw.), der Ausgangspunkt dieser Route, mit den Stadtteilen *Meerholz, Haitz, Höchst* und *Roth* liegt im Kinzigtal zwischen Spessart und Vogelsberg. Bereits 1170 wurde es

Gelnhausen: Kaiserpfalz

von Friedrich I. Barbarossa zur Freien Reichsstadt erhoben. Im gleichen Jahr hatte er bereits auf einer Insel in der Kinzig eine Burg erworben und dort mit dem Bau einer Kaiserpfalz begonnen. Diese *Kaiserpfalz – 1180 Schauplatz des ersten deutschen Reichstages und im Dreißigjährigen Krieg von den Schweden zerstört – läßt selbst noch als Ruine die Pracht staufischer Architektur erahnen. Erhalten sind noch Bogen der Torhalle und Säulenarkaden des Palastes.

Der historische Stadtkern wird von den spitzen Türmen der *Marienkirche* beherrscht. Mit ihrem Bau wurde ebenfalls 1170 begonnen. Die Fertigstellung dauerte mehrere Jahrhunderte. Durch prächtige Portale gelangt man ins Innere. Sehenswert sind hier vor allem der Hochaltar (um 1500, Muttergottes mit vier Heiligen), der Sandsteinlettner (vermutlich aus der „Schule des Naumburger Meisters"), das reich geschnitzte Chorgestühl mit dem Sängerpult (14. Jh.) sowie Marien- und Passionsteppich (um 1500). An der Kirchgasse 2 liegt das *Heimatmuseum*

(u. a. Erinnerungsstücke an von Grimmelshausen und Reis).

Im Haus *Weißer Ochse* an der Schmidtgasse 12 kam um 1622 *Hans Jakob Christoffel von Grimmelshausen* zur Welt, der in seinem Roman „Der abenteuerliche Simplicissimus Teutsch" (1669) die Schrecken des Dreißigjährigen Krieges mit fast vollständiger Zerstörung Gelnhausens beschrieb.

Am dörflich wirkenden Untermarkt steht das *Romanische Haus* (1180), Deutschlands ältestes Amtsgebäude. Ein Denkmal erinnert an den Physiker *Philipp Reis,* der 1834 als Sohn eines Bäckers in der Langgasse geboren wurde. Er führte 1861 im Physikalischen Verein in Frankfurt am Main den ersten Fernsprecher vor. In der nahegelegenen Kuhgasse steht das *Gotische Haus* (1356), Hessens ältester Fachwerkbau.

Am Obermarkt erhebt sich die *Peterskirche.* Der um 1200 begonnene Kirchenbau diente im Dreißigjährigen Krieg als Lager und Lazarett, später als Fabrik. 1932–1938 ließ die katholische Kirchengemeinde St. Peter den Bau in seiner jetzigen Form gestalten. An der Südseite des Platzes liegt das früher als Waren- und Lagerhaus genutzte *Rathaus* (1333); schräg gegenüber das Fachwerkhaus *Symeren* (1305). An der Nordseite des Obermarktes steht die im klassizistischen Stil errichtete *Bürgerschule* (1834), an deren Stelle einst die Laienkirche des Franziskanerklosters stand. In der Holzgasse findet man die Staffelgiebel des *Johanniterhauses* (14. Jh.). Gegenüber Haus und Wirtschaftshof der *Deutschherren von Sachsenhausen.*

Weitere Sehenswürdigkeiten sind die Stadtbefestigung mit *Innerem* und *Äußerem Holztor,* Befestigungsturm *Halbmond, Haizertorturm, Ziegelturm* und *Hexenturm* sowie der *Stadtgarten* mit der *Godebertuskapelle* (9. Jh.).

Das *Schloß* der Grafen Ysenburg-Büdingen im Stadtteil Meerholz ging 1564 aus einem Nonnenkloster hervor. Im ehemaligen Rathaus befindet sich das *Heimatmuseum.*

🛈 Städtisches Verkehrsbüro, Untermarkt 8, Tel. (0 60 51) 1 25 61; Stadtverwaltung, Tel. (0 60 51) 40 61.

🚃 Frankfurt a. M., Bebra.

🚌 in alle Richtungen.

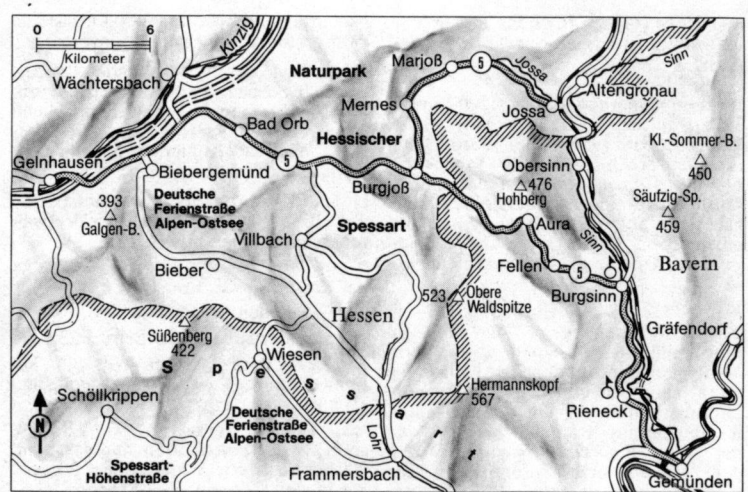

🛏 „Grimmelshausen", Schmidtgasse 12.

🍴 „Schelm von Bergen", „Adler".

⚠, ⚠. – 🖼, 🏊. – Tennis, Minigolf, Flugsport.

Auf der B 40 (s. Route 2) erreicht man über *Biebergemünd–Wirtheim* den Kurort

Bad Orb (s. Route 3), 14 km.

Von Bad Orb geht es steil bergan über das *Kinderdorf Wegscheide* (🛏) und den *Roßkopf* (500 m). Von dort fährt man hinab in den Jossgrund nach *Burgjoß*, einen Ortsteil der neuen Gemeinde

Jossgrund (300–330 m; 3200 Einw.), 25 km, zu der auch *Lettgenbrunn*, *Oberndorf* und *Pfaffenhausen* gehören. Sehenswert ist in Burgjoß das aus einem ehemaligen Kurmainzer Jagdschloß im 16. Jahrhundert hervorgegangene *Wasserschloß* der Freiherren von Hutten. Im Ortsteil Oberndorf befindet sich ein *Wildpark*.

🅸 Gemeindeverwaltung, im Ortsteil Oberndorf, Tel. (0 60 59) 6 10.

�KNächste Bahnstation Bad Orb (12 km).

🚌 Bad Orb, Lohr, Gemünden.

🛏 „Znaimer Hof", „Haus am Wald", „Landhaus Horstberg".

🍴 „Burgfrieden", „Sudetenhof", „Spessart".

★

Von Burgjoß bietet sich ein Abstecher in das untere *Jossatal* an. Man biegt dazu im Ort links ab und erreicht nach 4 km *Mernes* (🏊), einen Ortsteil von Bad Soden-Salmünster (s. Route 2). Nach weiteren 5 km taucht das alte Töpferdorf *Marjoß* auf, das jetzt zu Steinau (s. Route 2) gehört. Nach kurvenreicher Fahrt kommt man schließlich nach *Jossa* (16 km), das zusammen mit *Weiperz*, *Sannerz*, *Breunigs* und *Altengronau* zur Gemeinde

Sinntal (300–370 m; 2300 Einw.) gehört. In Jossa, an der Mündung des gleichnamigen Flusses in die Sinn gelegen, lohnt sich ein Spaziergang zum *Eisenbahnviadukt*, der in 35 m Höhe und 100 m Länge das Jossatal überspannt. Wanderziele sind *Roßbach* (mit einem Schloß der Freiherren von Thüngen und dem Grabmal des Reichsmarschalls Graf von Thüngen in der Pfarrkirche) und der *Hohberg* (476 m). Am *Forsthaus Kreuzgrund* finden im Winter Wildfütterungen statt; zahlreiche Forellenteiche.

🅸 Gemeindeverwaltung Sinntal, im Ortsteil Sterbfritz, Tel. (0 66 64) 5 51.

🚋 Frankfurt a. M., Fulda, Wildflecken.

🚌 Bad Orb, Bad Brückenau, Schlüchtern, Gemünden.

🍴 „Zum Jossgrund", „Zum Stern".

★

Von Burgjoß führt die Hauptroute am *Forsthaus Zieglerfeld* (in der Nähe des Reiterhof St. Georg) vorbei über die *Au-*

raer Höhe (419 m; Blick bis zu den Vorbergen der Rhön, ins Aura- und Sinntal) nach

Aura im Sinngrund (280 m; 1200 Einw.), 34 km, zu dem auch *Deutelbach* gehört. Der Ort wird von Kleinindustrie und Fremdenverkehr geprägt. Sehenswert sind das *Auraer Schlößchen* aus dem 18. Jahrhundert (einst würzburgisches Amtshaus), die *St.-Erasmus-Kapelle* mit gotischem Chor (13. Jh.) sowie das wappengeschmückte alte *Forstamtsgebäude*.

Fellen (232 m; 1100 Einw.), 37 km, mit den Ortsteilen *Rengersbrunn* (alter Marien-Wallfahrtsort), *Wohnrod* und *Neuhof* liegt an der Mündung der Fella in die Aura. Eine Schautafel in der Ortsmitte informiert über Wandermöglichkeiten: im Fellatal aufwärts nach *Rengersbrunn* mit seiner *Wallfahrtskirche* (1777) und dem *Marien-* oder *Barbarossabrunnen* (Gasthäuser Marienborn und Regisborn) und weiter über die *Bayrische Schanz* nach *Frammersbach* oder im Auratal abwärts nach *Burgsinn.*

🚃 Nächste Bahnstation Burgsinn (5 km).

🚌 Burgsinn, Gemünden.

Burgsinn (187 m; 3000 Einw.), 42 km, ist ein staatlich anerkannter Erholungsort und die beliebteste Sommerfrische im unteren Sinntal. Von 1405 bis 1816 war Burgsinn mit kurzer Unterbrechung im Besitz der Freiherren von Thüngen. Seitdem gehört es zu Bayern.

Die Freiherren von Thüngen ließen in Burgsinn drei Schlösser errichten. Ältester Teil der zwischen dem 14. und 18. Jahrhundert mehrfach umgestalteten *Wasserburg* (auch Schloß genannt) ist der 22 m hohe Bergfried aus dem 10. Jahrhundert. Eine Mauer umgab einst Burg und Stadt, von deren drei Tortürmen das *Untere Tor* an der Rienecker Straße erhalten blieb. 1607 ließ Werner von Thüngen im Westen des Ortes als Witwensitz für seine Gemahlin das *Fronhofschlößchen* erbauen, einen schönen Renaissancebau mit Treppenturm. Am nördlichen Ortsausgang schließlich steht in einem großzügigen Park das *Neue Schloß,* ein Spätrenaissancebau von 1620, heute noch Wohnsitz der Familie von Thüngen.

Sehenswert ist auch die *katholische Pfarrkirche,* der „Sinntaldom" (1908 geweiht).

Von besonderer Bedeutung war und ist für Burgsinn der Wald: Vier Fünftel der 50 km^2 großen Gemeindefläche sind mit meist zusammenhängenden Laub- und Nadelwäldern bedeckt. Der Ort ist die zweitgrößte Waldgemeinde Bayerns.

Schon Ende des 19. Jahrhunderts siedelten sich holzverarbeitende Betriebe an. Daneben gewannen Baustoffhandel und Textilverarbeitung Bedeutung. Hier sprudelt die größte Kohlensäurequelle Süddeutschlands.

🖸 Tourist-Information, Friedhofstr. 23, Tel. (0 93 56) 18 18 und 19 67; Verwaltungsgemeinschaft, Rienecker Str. 14, Tel. (0 93 56) 12 29.

🚃 Kassel, Fulda, Frankfurt a. M.

🚌 Gemünden, Jossa, Bad Orb.

🏨 „Bayerischer Hof", Kirchstr. 23.

🍴 „Zum Stern", „Haus Wenzel". Ferienwohnungen, Urlaub auf dem Bauernhof.

🏊, Tennis, Reiten, Angeln, Schießsport, Wildwasserfahrten auf der Sinn; 200 km markierte Wanderwege, 2 Forstlehrpfade, 1 Trimm-Dich-Pfad.

Sinnabwärts, vorbei an der dichtbewaldeten *Rienecker Koppe* (434 m), erreicht man das malerische

Rieneck (180 m; 2400 Einw.), 49 km, 790 erstmals urkundlich erwähnt, seit dem 13. Jahrhundert Stadt. Das Ortsbild wird beherrscht von der im 12. Jahrhundert von dem einst mächtigen Adelsgeschlecht der

Wasserburg Burgsinn

Grafen von Rieneck auf einem Felsvorsprung errichteten *Burg.* Die guterhaltene Anlage, Anfang des 19. Jahrhunderts im neugotischen Stil umgestaltet, gehört heute der Christlichen Pfadfinderschaft Deutschlands, die hier eine Erholungs- und Bildungsstätte unterhält. Einmalig in

Deutschland ist die *Romanische Kapelle*, die in Kleeblattform in den *Dicken Turm* der Burg eingelassen ist. Vom Turm aus hat man eine gute Aussicht auf das Giebelgewirr der Stadt sowie die Höhen von Spessart und Vorrhön.

An Resten der Stadtmauer entlang geht ein Talweg zur *Wichsmühle* und *Gipsmühle*. Im *Fliesenbachgrund* gibt es einen Waldlehrpfad. Vom *Rotenberg* führt ein Kreuzweg mit 14 Stationen zur *Kreuzkapelle* auf dem *Herrgottsberg*. Ein beliebtes Ausflugsziel ist auch das südöstlich von Rieneck gelegene Franziskanerkloster *Schönau* an der Saale (s. Route 7).

🆑 Stadtverwaltung, Hauptstr. 5, Tel. (0 93 54) 6 42.

🚌 Kassel, Fulda, Frankfurt a. M.

🚆 Gemünden.

🏨 „Gut Dürnhof" (1 km nördlich; mit Hallenbad, Reithalle und Minigolfplatz).

⌂ „Goldener Hirsch".

Ferienwohnungen, Urlaub auf dem Bauernhof.

Über *Schaippach*, vorbei an einem Ehrenfriedhof, erreicht man an der Einmündung von Fränkischer Saale und Sinn in den Main

Gemünden (155–250 m; 10 200 Einw.), 55 km, mit den Stadtteilen *Adelsberg, Aschenroth, Harrbach, Hofstetten, Kleingemünden, Langenprozelten, Massenbuch, Seifriedsburg* und *Wernfeld*.

Das altfränkische Fischerstädtchen ist seit jeher ein wichtiger Verkehrsknotenpunkt und Handelsplatz.

Wahrzeichen der Stadt, die in den letzten Tagen des Zweiten Weltkrieges schwer zerstört und dann wiederaufgebaut wurde, ist die auf einer Anhöhe gelegene *Ruine Scherenberg*, die mit der Altstadt durch eine Ringmauer verbunden ist. Die Burg, deren Bergfried (prachtvoller Rundblick) noch gut erhalten ist, wurde Anfang des 13. Jahrhunderts von den Grafen zu Rieneck zur Befestigung des Handelsplatzes errichtet und war später im Besitz der Würzburger Fürstbischöfe. Bis Mitte des 18. Jahrhunderts wurde sie bewohnt und verfiel dann immer mehr. Oberhalb der Burg finden sich Restfundamente der *Slorburg*, die im Mittelalter im Brennpunkt einer Fehde zwischen den Grafen von Rieneck und den Fürstbischöfen von Würzburg stand.

Ältester Teil der Stadt ist das auf dem rechten Ufer der Fränkischen Saale gelegene *Kleingemünden*, bereits 837 als Gimundes erwähnt, das jedoch nicht in die Stadtbefestigung einbezogen wurde. Sehenswert ist in diesem Stadtteil vor allem das *Huttenschlößchen* (1711).

Der heutige Stadtkern Gemündens erstreckt sich auf der gegenüberliegenden Seite am Main. Das 1596 errichtete *Rathaus* der Stadt wurde 1945 vollständig zerstört. An seine Stelle trat ein Neubau. Auch die spätgotische *Stadtkirche* (1488) wurde teilweise beschädigt. Sie wurde jedoch im alten Stil wiederaufgebaut. Zahlreiche Fachwerkhäuser verleihen Gemünden Reiz. Sehenswert ist auch das *Amtsschreiberpförtchen* in der Kirchgasse.

Im ebenfalls rechtsmainischen Stadtteil *Bahnhof* stehen das *Kloster der Barmherzigen Schwestern vom Heiligen Kreuz* mit der *Kreuzkirche* sowie die aus neuerer Zeit stammende *Dreifaltigkeitskirche*, ein Werk des Würzburger Dombaumeisters Schädel.

Im weiter östlich, hoch über dem rechten Mainufer gelegenen Stadtteil *Adelsberg* lohnt ein Besuch von *Schloß Adolfsbühl* (1626), der *Julius-Echter-Kirche*, der *Ruine Dietmarsburg* und der alten *Zollstätte Zwing*. Die *Jakobuskirche* im Stadtteil *Seifriedsburg*, nördlich von Adelsberg, stammt aus dem Jahre 1407.

Im Stadtteil *Wernfeld* an der Mündung der Wern in den Main steht das *Balthasar-Neumann-Wirtshaus* von 1725. Lohnend ist von hier aus eine Wanderung zur *Ruine Homburg* bei *Gössenheim*. Die weiträumige Burganlage entstand im 11. Jahrhundert. Der Burgberg ist ein beliebter Startplatz für Drachenflieger.

Auch *Langenprozelten* am westlichen Mainknie (mit Pumpspeicherwerk Sindersbach) gehört zu Gemünden.

Auf dem gegenüberliegenden Mainufer postieren sich die Ortsteile *Hofstetten* (⛺) und *Massenbuch*, zu denen vom Gemündener Stadtzentrum die neue Mainbrücke hinüberführt. Wanderwege verbinden sie mit der *Ruine Schönrain*.

🆑 Tourist-Information, Scherenbergstr. 4, 8780 Gemünden, Tel. (0 93 51) 38 30.

🚌 Frankfurt a. M., Würzburg, Fulda, Bad Kissingen.

🚆 Aschaffenburg, Wertheim, Bad Kissingen, Bad Orb.

🏨 „Klingenmühle", „Schäffer".

⌂ „Koppen", „Zur Linde".

⛺, 2 ⛺. – 🏕, 🚗. – Reiten, Tennis, Minigolf, Rollschuhlaufen, Schießen, Angeln, Flußwandern.

Route 6: Miltenberg (– Amorbach) – Wertheim – Holzkirchen – Waldbüttelbrunn – Zell – Veitshöchheim – Karlstadt – Gemünden (105 km)

Einem der schönsten Abschnitte der *Nibelungenstraße*, die von Bensheim an der Bergstraße über Amorbach und Miltenberg am Main entlang nach Wertheim verläuft, folgt diese Strecke.

Ausgangspunkt ist das im Grenzgebiet zwischen Spessart und Mainischem Odenwald gelegene Kreisstädtchen

*Miltenberg (127 m; 9800 Einw.), über das Elly Heuss-Knapp in ihrem Buch „Ausblick vom Münsterturm" schrieb: „Miltenberg erschien mir immer als das Herz von Deutschland. Der Marktplatz mit dem Brunnen ist für mich das deutsche Mittelalter schlechthin."

Bereits in vorgeschichtlicher Zeit bestand hier eine Siedlung. 148–161 n. Chr. errichteten dann die Römer im Zuge des Limes ein Kastell. Um 1180 entstand die kurmainzische Grenzfestung *Mildenburg*, deren Bergfried (schöner Ausblick auf Maintal und Spessart) noch im Original erhalten ist. Zu den zahlreichen Besitzern der Burg gehörte auch Götz von Berlichingen, der im Bauernkrieg hier seine acht Artikel für den Kurstaat Mainz verkündete. Sehenswert ist in der seit 1979 städtischen Anlage der 5 m hohe *Teutonenstein* im Burghof, eine monolithische Felsnadel mit bis heute nicht eindeutig entzifferten Schriftzeichen aus der Römerzeit, sowie die 10 m hohe *Ringmauer* mit Wehrgang.

Am Fuße der Burg befinden sich zwei berühmte Ensembles der Stadt: der brunnengeschmückte und fachwerkschöne **Marktplatz* mit der ehemaligen *Amtskellerei* (16. Jh.; jetzt Heimatmuseum), dem früheren Gasthaus *Zur güldenen Kron* (1623), dem Erkerbau der *alten Schmiede* sowie dem Torturm *Schnatterloch* und die *Hauptstraße* mit dem schon 1504 als Fürstenherberge erwähnten **Hotel Riesen*, das als ältester Gasthof Deutschlands gilt. Hier wohnten schon König Gustav Adolf von Schweden und die Feldherren Wallenstein und Prinz Eugen.

Die *Stadtpfarrkirche St. Jakob* an der Nordseite des Marktplatzes, seit dem 14. Jahrhundert mehrfach verändert, zeigt Skulpturen und Reliefs der Spätgotik und Renaissance. Die barocke *Franziskanerklosterkirche* am Engelplatz ist ein Bau des Hofbaumeisters Antonio Petrini. Die *Laurentiuskapelle* (14. Jh.) auf dem Fried-

hof vor der Stadt hat im Chor von 1456 guterhaltene Wandmalereien. Sehenswert ist auch das *Rathaus*, das Anfang des 15. Jahrhunderts als Mainzer Kaufhaus erbaut wurde. Funde aus der Römerzeit zeigt das *Heimatmuseum*.

Miltenberg: Marktplatz

Alljährlich im Juli begeht Miltenberg sein *Altstadtfest*, Ende August/Anfang September seine neuntägige *Michaelismesse*.

🅱 Städtisches Verkehrsbüro, Engelplatz, Tel. (0 93 71) 30 25.

⚓ Aschaffenburg, Wertheim, Ulm.

🚌 Wertheim, Würzburg, Heidelberg.

⛴ Ausflugsfahrten auf dem Main.

🏨 „Parkhotel Linde", Mainstr. 50; „Mildenburg", Mainstr. 77; „Brauerei Keller", Hauptstr. 66; „Riesen", Hauptstr. 97.

△, ▲. – ⬓, ⛺. – Motor- und Segelflug (Mainbullau), Ferienfahrschule, Reiten, Angeln, Minigolf, Bootsverleih.

★

Von Miltenberg aus lohnt sich ein Abstecher auf der B 469 am *Mudbach* entlang nach dem 8 km südlich gelegenen

Amorbach (166 m; 4500 Einw.). Die Barockstadt im Odenwald ist vor allem durch ihre barocke ehemalige **Benediktinerabteikirche St. Maria* bekannt, die zwi-

38

schen 1742 und 1747 aus einer romanischen Basilika entstand, deren Türme noch erhalten blieben, jedoch durch Aufsetzen geschwungener Hauben der vorgebauten barocken Fassade angeglichen wurden. Die Stukkaturen der prachtvollen *Rokokoausstattung im Innern schufen J. H. Üblherr und J. M. Feuchtmayer. Die schöne Kanzel stammt von dem Würzburger Hofbildhauer J. W. van der Auwera. Das Hochaltarbild und die Deckenfresken malte M. Günther. Die 200 Jahre alte *Barockorgel mit 5000 Pfeifen gilt als die größte Europas. In der ehemaligen Benediktinerabtei lohnt sich ein Besuch der Bibliothek und des Grünen Saales.

Sehenswert sind auch das barocke Palais der Fürsten zu Leiningen, die doppeltürmige katholische Pfarrkirche mit Fresken von J. Zick, das spätgotische Rathaus (15. Jh.) sowie die ehemalige Kellerei mit dem Heimatmuseum.

🛈 Städtisches Verkehrsamt, im Rathaus, Tel. (0 93 73) 12 55.

🚌 Miltenberg, Walldürn, Buchen.

🚅 Würzburg.

🏨 „Post", Schmiedstr. 2; „Badischer Hof", Am Stadttor 4; „Frankenberg", Gotthardsweg 12.

△, ⚠. – Tennis, Minigolf, Waldlehrpfad.

★

Bürgstadt (130 km; 3600 Einw.), 2 km, das man von Miltenberg aus auf der Nibelungenstraße mainaufwärts erreicht, ist bekannt durch seinen guten Burgunder und durch seine Buntsandsteinbrüche. Sehenswert sind hier die auf das frühe 13. Jahrhundert zurückgehende Martinskapelle mit bedeutenden Wandmalereien von 1593, die spätromanische Pfarrkirche von 1351 (durch Neubau erweitert), das Rathaus (1590–1592) und die Ruine der Zentgrafenkapelle auf dem Wannenberg (keltischer Ringwall).

🛈 Gemeindeverwaltung, Tel. (0 93 71) 20 51.

🏨 „Anker", „Adler". – 🍴.

Mainaufwärts erreicht man bald

Freudenberg (127–450 m; 4000 Einw.), 7 km, mit den Stadtteilen Boxtal, Ebenheid, Rauenberg und Wessental. Der 1956 wieder zur Stadt erhobene, vom Bergfried der Freudenburg überragte staatlich anerkannte Erholungsort blickt auf eine fast

700jährige Geschichte zurück und bietet sich als Ausgangspunkt für Wanderungen in Spessart und Odenwald an. Im mittelalterlichen Stadtbild fällt das Fachwerk-Rathaus (1499–1505) auf. Sehenswert sind auch Reste der mittelalterlichen Stadtbefestigung und die alte Pfarrkirche (1692).

🛈 Stadtverwaltung, Tel. (0 93 75) 2 24 und 3 88.

🚌 Nächste Bahnstation Kirschfurt (1 km).

🚅 Miltenberg, Würzburg.

🏨 „Goldenes Faß", „Zur Rose".

🍴. – Angeln, Wassersport, Tennis.

Zur Weiterfahrt nach Wertheim kann man linksmainisch die Nibelungenstraße benutzen, die, an der Lorenzkapelle (13. Jh.) vorbei, den Schleifen und Windungen des Mains folgt, und über Gut Tremhof und die Wertheimer Stadtteile Mondfeld und Grünenwört führt.

Ebenso reizvoll ist es jedoch, in Freudenberg den Main zu überqueren. Flußaufwärts erreicht man die zur Gemeinde Collenberg gehörenden Orte Reistenhausen und Fechenbach (1750 erbautes Rokokoschloß, Barockkirche). Danach erblickt man links am Hang die Ruine der im 17. Jahrhundert zerstörten Burg Kollenberg.

Hinter dem als Schifferdorf bekannten Dorfprozelten (1700 Einw.) taucht das Städtchen

Stadtprozelten (130–230 m; 1600 Einw.), 19 km, auf, das vom mächtigen Bergfried der Ruine der tausendjährigen Burg Henneburg überragt wird. Bergfried und Palas der im wesentlichen vom Deutschherrenorden errichteten Anlage (auch Feste Prozelten und Lauffenburg genannt) sind romanischen Ursprungs. Wirtschaftsgebäude und Ringmauer, die zusammen mit der Stadtbefestigung einen Komplex bilden, stammen aus gotischer Zeit. Der Aufgang zur Burgruine ist an der Südostseite.

Die zur Pfarrkirche erhobene frühere Spitalkirche stammt aus dem 14. Jahrhundert und enthält einen Hochaltar mit Kreuzigungsgruppe der „Nürnberger Schule" (15. Jh.). Das Rathaus (1520) weist als Besonderheit zwei toskanische Säulen als Stützen des Erkers auf.

🛈 Stadtverwaltung, Tel. (0 93 92) 72 22.

🚌 Aschaffenburg, Würzburg.

🚅 Miltenberg, Wertheim, Würzburg.

🏨 „Schwarzer Adler".

⚠. – Wassersport, Angeln.

Faulbach (137 m; 1800 Einw.), 22 km, ist ein ehemaliger Steinhauer- und Fischerort, in dem sich heute auch Bekleidungsindustrie angesiedelt hat. Besonders originell ist das *Rathaus* aus dem Jahre 1584 wegen seiner Durchfahrt im Untergeschoß. Es wurde 1954 angehoben, weil es von Lastwagen nicht passiert werden konnte. In der modernen *Pfarrkirche* befindet sich ein gotisches Gnadenbild.

Über *Hasloch* und *Kreuzwertheim* (s. Route 1) erreicht man an der Mündung der Tauber in den Main (der Fluß bildet hier die Grenze zwischen Bayern und Baden-Württemberg) die badische Stadt

*Wertheim (145 m; 21 400 Einw.), 32 km, mit den Ortsteilen *Bettingen, Dertingen, Dietenhan, Dörlesberg, Grünenwört, Höhefeld, Kembach, Lindelbach, Mondfeld, Nassig, Reicholzheim, Sachsenhausen, Sonderriet, Urphar* und *Waldenhausen.*

Wertheim: Spitzer Turm mit Burg

Wertheim, schon 1009 urkundlich erwähnt, ist seit 1306 Stadt. Vom 11. Jahrhundert, als die 80 m über dem Maintal liegende Burg erbaut wurde, bis zum 16. Jahrhundert bestimmten die Grafen von Wertheim die Geschicke der Stadt. Die unter Napoleon angeordnete Aufhebung der Grafschaft Wertheim und vor allem die Aufteilung derselben in die durch den Main getrennten neuen Staaten Baden und Bayern behinderten die wirtschaftliche Entwicklung der Stadt. Neue Impulse für Wirtschaft und Fremdenverkehr brachten nach dem Zweiten Weltkrieg die Ansiedlung von Glas-, Herd-, Holzstoff- und Textilindustrie und der Bau der Autobahn Würzburg – Frankfurt am Main.

Im altfränkischen Stadtbild mit seinen zahlreichen hohen Giebelbauten ragt die evangelische *Stiftskirche* (Stadtkirche) heraus, ein ursprünglich romanischer Sakralbau, der 1383–1419 in eine gotische dreischiffige Pfeilerbasilika umgewandelt wurde. Im Chor finden sich zahlreiche Grabmäler der Grafen von Wertheim, Stolberg und Löwenstein. Der Stadtkirche gegenüber steht die mit einem Barockdach versehene spätgotische *Kilianskapelle* (1496). Sie diente vier Jahrhunderte lang als Lateinschule und beherbergt jetzt das *Heimatmuseum.*

Nördlich der Stadtkirche liegt der Rathausplatz mit dem *Rathaus* aus den Jahren 1561 und 1562 (später mehrfach umgebaut), dessen Treppenturm als Besonderheit eine doppelte Wendeltreppe hat. Gegenüber steht das Fachwerkhaus *Zu den vier Gekrönten* (Sitz des Historischen Vereins Alt-Wertheim) mit Trachtensammlung.

Vom Rathausplatz aus erfolgt der Aufgang zur *Burg,* die im 12. Jahrhundert unter Graf Wolfram I. errichtet wurde und im 17. Jahrhundert durch Pulverexplosion und Beschießung stark zerstört wurde. Vom Bergfried aus hat man eine überaus lohnende Aussicht auf Stadt, Main- und Taubertal. Gastwirtschaft.

Weitere Sehenswürdigkeiten sind: die ehemalige *Hofhaltung* (jetzt fürstliches Archiv) in der Mühlenstraße mit Barockportal (1749), das *Erbgrafenhaus* (16. Jh.), der aus rotem Sandstein errichtete *Engelsbrunnen* (ein Wahrzeichen der Stadt), die *Marienkapelle* in der Kapellengasse (1447 an der Stelle der zerstörten Judenschule errichtet), die im 15. Jahrhundert angelegte *Neustadt* (hier wohnte 1673–1683 der Kupferstecher Caspar Merian, an den auch die Merianstube im Ratskeller erinnert), das *Tauberufer* mit interessanten Hochwassermarken, die *Tauberbrücke* mit Blick auf das *Alte Spital* (14. Jh.), der *Spitze Turm* (Rest der mittelalterlichen Stadtbefestigung) und das *Glasmuseum.*

Von den zahlreichen Ausflugs- und Wandermöglichkeiten (230 km markierte Wanderwege) sei ein Abstecher zum 9 km südlich im Taubertal gelegenen Zisterzienserkloster *Bronnbach* mit seiner Brauerei empfohlen. Für badische Frankenweine sind die Wertheimer Stadtteile *Dertingen, Reicholzheim* und *Lindelbach* bekannt.

🛈 Verkehrsamt, Rathausgasse 10, 6980 Wertheim, Tel. (0 93 42) 30 11.

⛴ Miltenberg, Würzburg, Lauda.

🚌 Marktheidenfeld, Lohr, Würzburg, Tauberbischofsheim.

Ausflugsfahrten auf dem Main.

"Schweizer Stuben", im Ortsteil Bettingen.

"Schwan", Mainplatz 8; "Köhler", Carl-Wibel-Str. 12; "Löwensteiner Hof", Bahnhofstr. 11; "Weißes Rössel", im Stadtteil Mondfeld.

"Hofgarten".

⚐, ⚐. – 🏠, 🚣. – Tennis, Minigolf, Reiten, Angeln.

Die Weiterfahrt von Wertheim aus verläuft auf dem südlichen Mainufer über *Eichel,* vorbei an der Mainhalbinsel *Himmelreich,* nach *Urphar* und *Dertingen.* In allen drei Wertheimer Ortsteilen befinden sich sehenswerte Wehrkirchen. *St. Jakob* in Urphar enthält wertvolle Fresken aus dem 13. Jahrhundert und gilt als eine der ältesten Wehrkirchen Mainfrankens.

Die Route führt dann über *Wüstenzell* nach *Holzkirchen,* wo man das ehemalige Benediktinerkloster mit Kreuzgang aus dem 12. Jahrhundert besuchen sollte. Bei Uettingen erreicht man die B 8. In der Bartholomäuskirche des Ortes (1754) befindet sich eine Kreuzigungsdarstellung von J. Sicht aus dem Jahre 1621.

Weiter geht es über *Roßbrunn* und *Mädelhofen* nach *Waldbüttelbrunn,* wo man die B 8 verläßt und auf eine Nebenstraße nach Zell am Main abbiegt. Nach einer Gefällstrecke taucht rechter Hand *Kloster Oberzell* auf. Es wurde im 12. Jahrhundert gegründet und zwischen dem 15. und 18. Jahrhundert u. a. auch nach Plänen von Balthasar Neumann umgestaltet. Von 1819–1901 diente es einer Schnellpressenfabrik als Unterkunft und wurde schließlich 1901 von der Kongregation der Dienerinnen der hl. Kindheit Jesu erworben und renoviert.

Vor dem Überqueren des Mains lohnt es sich, nach *Zell am Main* hineinzufahren, einem langgezogenen Dorf zwischen Berghang und Main mit winkligen alten Gassen. In der alten, teilweise ausgebauten *Klosterruine Unterzell* aus dem 15. Jahrhundert befindet sich die Versöhnungskirche mit romanischem Turm und Kirchenschiff im Julius-Echter-Stil des 16. Jahrhunderts.

Auf der anderen Mainseite kommt man auf die B 27 („Bocksbeutelstraße"). Sie führt nach

Veitshöchheim (178 m; 8600 Einw.), 74 km, Sitz der Bayerischen Landesanstalt für Weinbau und Gartenbau. Der bekannte Ausflugsort vor den Toren Würzburgs ist vor allem für seinen großzügig angelegten *Rokokogarten* bekannt. Er zählt zu den schönsten Gartenanlagen Deutschlands (reicher Figurenschmuck).

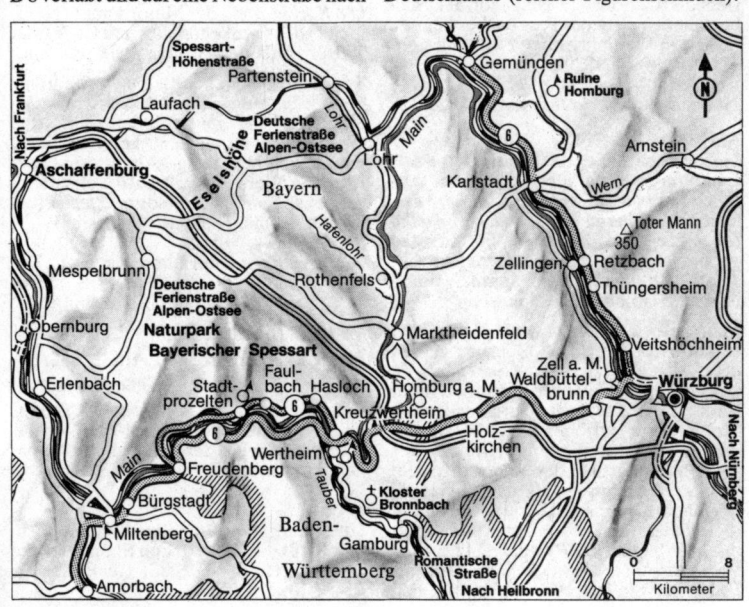

Im nordwestlichen Teil des Parks steht das *Schloß*, die 1680–1682 errichtete und 1750 nach Plänen von Balthasar Neumann erweiterte ehemalige Sommerresidenz der Fürstbischöfe von Würzburg.

🛈 Gemeindeverwaltung, Kirchstr. 31, 8702 Veitshöchheim, Tel. (0931) 91051.

⛴ Würzburg, Gemünden.

⛴ im Sommer regelmäßige Personenschiffsverbindung mit Würzburg.

♨ „Ratskeller", „Goldener Anker". Mainfranken-Säle (für Konzerte und andere Veranstaltungen).

Thüngersheim (200 m; 2500 Einw.), 79 km, mit seiner teilweise noch erhaltenen mittelalterlichen *Befestigung* (3 Torhäuser), alten *Fachwerkhäusern* und sehenswerter *Pfarrkirche* (16. Jh.) umgeben rund 250 Hektar Rebfläche mit den bekannten Lagen „Scharlachberg" und „Johannisberg". Ein beliebtes Gasthaus ist der „Winzerhof" (Abzweig von B 27).

Retzbach (166 m; Einw.) 82 km, Ortsteil der Gemeinde *Zellingen*, ist voll malerischer Reize. An der steil hinaufführenden Hauptstraße steht das *Rathaus* (16. Jh.) mit einem Erker-Treppenturm. Über dem Dorf erhebt sich die *Pfarrkirche* von Balthasar Neumann (1738). Die *Benediktushöhe* wurde bis 1810 von Mönchen des Benediktinerklosters Neustadt am Main bewohnt. Im Tal des Retzbaches liegt die idyllische Wallfahrtskirche *Maria im grünen Tal* (schon 1229 erwähnt).

Am Schnittpunkt von B 27 und B 26 wird

Karlstadt (165–316 m; 15000 Einw.), 90 km, erreicht, die Kreisstadt des neuen Landkreises Main-Spessart mit den Ortsteilen *Gambach, Heßlar, Karlburg, Laudenbach, Mühlbach, Rohrbach, Stadelhofen, Stetten* und *Wiesenfeld*. Zu Karlstadt gehört die Großweinbergsanlage Karlstadter Roßtal. Eine bekannte Weinlage ist der „Gambacher Kalbenstein".

Man betritt die 1198 vom Würzburger Bischof Konrad I. von Querfurt gegründete Altstadt durch das *Obere Tor*, das aus Torhaus (1549) und mächtigem Stadtturm (13. Jh.) besteht. Durch malerische Straßen mit schönen Fachwerkbauten und turmartigen Steinhäusern aus dem 13. Jahrhundert geht es an der geschichtlich interessanten *Spitalkirche* (1438) und der ehemaligen *Amtskellerei* (jetzt Landespolizeistation) vorbei zum *Marktplatz* mit dem gotischen *Rathaus* (1422; renoviert). Im Innern besuche man den Ratskeller und die Ratsstube (1605) mit zahl-

reichen Erinnerungsstücken wie dem Rathaushumpen aus dem Dreißigjährigen Krieg und dem Schützenkleinod. Über der Rathausuhr steht das Schwedenmännchen. Ein moderner Brunnen vor dem Rathaus erinnert an den Chemiker *Rudolph Glauber* (1604–1670), der ebenso wie der Reformator *Andreas Bodenstein* (genannt Dr. Karlstadt, um 1480–1541) und der Geistes- und Naturwissenschaftler *Johann Schöner* (1477–1547), dessen Bildnis (nach einem Gemälde von Lucas Cranach) unsere Tausendmarkscheine ziert, aus Karlstadt stammt.

Unweit des Rathauses steht die Pfarrkirche *St. Andreas*, eine dreischiffige gotische Hallenkirche (nach 1200 begonnen, im 14.–16. Jh. umgebaut) mit geringen Resten eines spätromanischen Vorgängerbaus und bedeutenden Kunstschätzen im Innern: romanischer Christus Salvator (1386), St. Nikolaus von Tilman Riemenschneider, gotische Wandmalereien, Epitaphien, Barockorgel und Silberschmiedearbeiten aus dem Rokoko. Am *Unteren Tor* erhält man Zugang zu den Parkanlagen auf den Wällen der alten Stadtbefestigung.

Die noch aus karolingischer Zeit stammende *Karlsburg* über dem gegenüberliegenden Mainufer war zeitweise Königspfalz. Sie wurde 1525 zerstört. In einer Mühle am Fuße des Burgberges soll um 688 *Karl Martell*, der Majordomus (Hausmeier) des Frankenreiches und Großvater Kaiser Karls des Großen, geboren sein.

Sehenswerte Kirchen bieten die Stadtteile *Gambach, Mühlbach* und *Stadelhofen*. Im Stadtteil *Laudenbach* finden sich Reste einer 1525 zerstörten hennebergischwertheimischen Burg. Als älteste Siedlung des Werngaus gilt auf Grund steinzeitlicher Funde der Stadtteil *Stetten* (bekannte Weinlage „Stettener Stein").

🛈 Verkehrsamt, im alten Rathaus, Tel. (09353) 8275.

⛴ Aschaffenburg, Würzburg, Fulda.

🚌 in alle Richtungen.

♨ „Schwarzer Adler", „Alte Brauerei".

♨ „Zur Eisenbahn", „Weißes Lamm".

⛺ in Retzstadt, ⛺. – ⊠, ⛵. – Tennis, Rudern, Schießsport, Segel- und Motorflug, alpiner Klettergarten an der Nonnenburgwand.

Über *Wernfeld* (Ortsteil von Gemünden; hier fließt die Wern in den Main) erreicht man schließlich die Stadt *Gemünden* (s. Route 5), 105 km.

Route 7: Gemünden – Gräfendorf – Hammelburg – Bad Kissingen – Bad Bocklet – Bad Neustadt (72 km)

Diese Route folgt dem Tal der *Fränkischen Saale*, das die Rhön nach Süden begrenzt. Burggekrönte Weinbauorte wie Hammelburg und bekannte Kurorte, allen voran Bad Kissingen, reihen sich hier auf.

Ausgangspunkt ist *Gemünden* (s. Route 5), wo Fränkische Saale und Sinn in den Main münden.

Eine landschaftlich schöne Straße nimmt im Tal der Fränkischen Saale aufwärts den Autofahrer auf. Waldberge umschließen das schmale abwechslungsreiche Tal.

Schon bald taucht links das *Kloster Schönau* auf. Das 1189 gegründete ehemalige Zisterzienserinnenkloster ist seit 1699 im Besitz der Franziskaner. Man besichtige die Klosterkirche mit Holzfiguren der Maria und des Johannes von Tilman Riemenschneider und anderen Kunstschätzen. Schon der Aufgang zur Kirche mit den barocken Heiligenfiguren beeindruckt.

Weiter geht die Fahrt nach *Wolfsmünster* mit seinem aus dem Jahre 1584 stammenden *Schloß*. Die Herren von Thüngen ließen es erbauen. Dieses Adelsgeschlecht gestaltete einst Geschichte und Kulturgeschichte der Rhön entscheidend mit. Seinem reichen kulturellen Erbe begegnet man heute noch auf Schritt und Tritt in dieser Mittelgebirgslandschaft.

Gräfendorf (165 m; 800 Einw.), 11 km, liegt an der Mündung der Schondra in die Saale. Es ist Ausgangspunkt von Wanderungen in das idyllische *Schondratal:* nach *Heiligkreuz* sind es 12 km, von dort nach *Heckmühle* 3 km, nach *Münchau* weitere 7 km; Rückweg auf dem anderen Schondraufer auf gut markierten Wegen.

Das Dorf selbst mit einigen schönen Fachwerkhöfen ist typisch für diesen Landstrich.

Von Gräfendorf aus führen zwei Wege nach Hammelburg. Südlich des Saaletals verläuft die Straße über *Weickersgrüben,* von wo aus sich ein Abstecher zum *Sodenberg* (506 m) lohnt mit schöner Aussicht auf das Saaletal. Kurz hinter dem Ort erreicht man die B 27 nach Hammelburg.

Nördlich des Saaletals geht es von Gräfendorf aus am 348 m hohen *Kohlberg* vorbei zunächst nach *Waizenbach,* in dessen Nähe sich eine Erholungsanlage mit Kinderspielplatz befindet. Weiter über *Wind-*

heim mit seiner sehenswerten alten Kirche und *Diebach* mit der Mühle an der Saale und der Wehrkirche, die schon im frühen 9. Jahrhundert erwähnt wurde. 4 km danach mündet die Straße saaleaufwärts in Hammelburg (von weitem schöner Blick auf Schloß Saaleck und Kloster Altstadt).

Hammelburg (183 m; 12 500 Einw.), 26 km, ist seit 1200 Jahren als Weinbauzentrum nachgewiesen. Sein mittelalterliches Stadtbild blieb weitgehend erhalten. Von der *Stadtbefestigung* aus dem 13. Jahrhun-

Hammelburg: Rathaus mit Marktbrunnen

dert haben drei Türme sowie Reste der Stadtmauer überdauert. Die katholische *Stadtpfarrkirche* stammt aus gotischer Zeit. Sehenswert ist die Madonna von Jakob von der Auvera. Ein Renaissance-Stufengiebel schmückt das *Rathaus* (1524–1526). Der hübsche *Marktbrunnen* entstand 1541. Ein Zeugnis des Barocks ist das *Rote Schloß,* das Andreas Galasini 1725–1731 für die Fuldaer Fürstäbte erbaute. Die moderne evangelische Stadtpfarrkirche *St. Michael* (1962–1963) ist das letzte Werk von Olaf Andreas Gulbransson, dem Sohn des berühmten norwegischen Malers und Zeichners.

Bei *Schloß Saaleck,* das über der Stadt thront, wird ein guter Wein angebaut. Ursprünglich eine gotische Burg (der Bergfried aus dem frühen 13. Jahrhundert erinnert daran), war das Schloß lange Zeit Sommerresidenz der Fuldaer Fürstäbte. 1803 fiel es infolge der Säkularisation an

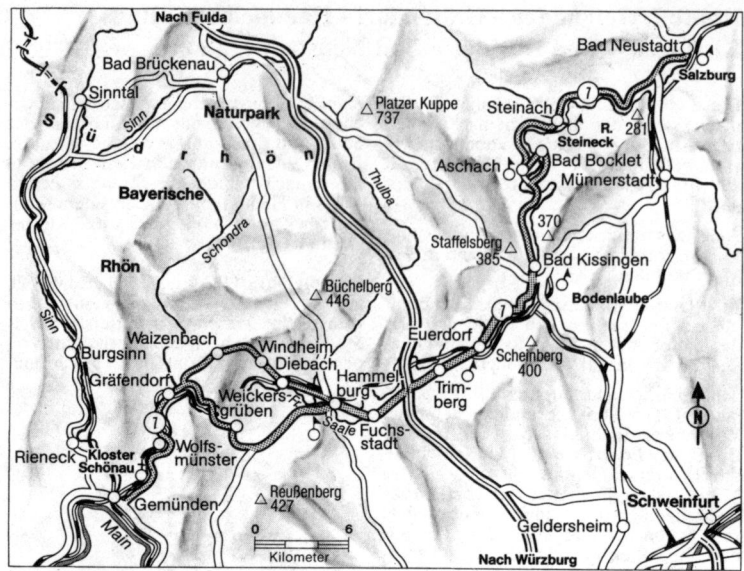

den bayerischen Staat, der es 1851 an einen Würzburger Bankier verkaufte. 1964 erwarb die Stadt Hammelburg Schloß und Weingut, das sie in eigener Regie führt. Der Wohntrakt des Schlosses wurde in ein Hotel umgewandelt. In der Verkaufsstelle des Weingutes kann man manch edlen Tropfen erstehen. An den Hängen des Saaletales und seiner Nebentäler reift der nördlichste Frankenwein. „Heroldsberg", „Trautlestal", „Schloßberg" oder „Burg" sind bekannte Lagen.

Unterhalb von Schloß Saaleck liegt das *Franziskanerkloster Altstadt*. In seiner jetzigen Gestalt stammt es aus dem Jahre 1649. Es ist Sitz der Bayerischen Musikakademie.

Auf dem anderen Saaleufer erhebt sich der Basaltkegel des *Sodenbergs* (506 m), auf dessen Höhe einst Burg Kilianstein stand, die Stammburg des Hauses Thüngen. Götz von Berlichingen verbrachte hier einige Jahre seiner Jugend. Am Westhang des Berges blüht in reicher Pracht das seltene Frühlings-Adonisröschen (es steht unter Naturschutz!).

Nach Hammelburg eingemeindet wurden: das schon erwähnte *Diebach* mit alter Wehrkirche, *Feuerthal* mit seiner sehenswerten Kirche, *Morlesau* am Fuße des Sodenberges (auch „fränkischer Rigi" genannt), *Pfaffenhausen* mit seiner schönen Kirche und alten Judenfriedhof.

🛈 Stadtverwaltung Hammelburg, Postfach 1220, Kirchgasse 4, 8783 Hammelburg, Tel. (0 97 32) 40 54.

🚌 Gemünden, Bad Kissingen.

🚍 Würzburg, Bad Kissingen.

🏨 „Schloß Saaleck".

🏨 „Zum Engel", Marktplatz 12; „Bayerischer Hof", Bahnhofstr. 51; „Hotel-Pension Nöth", in Morlesau.

🏠 „Deutsches Haus", Kissinger Str. 24.

🏚 Roßmühle bei Morlesau.

🚲, 🚗. – Radverleih (Firma Wanderburg und Ganz sowie Gasthaus Bayerischer Hof in Hammelburg, Hotel-Pension Nöth in Morlesau), „Wandern ohne Gepäck" (Gästehaus Ullrich in Elfershausen und Hotel-Pension Nöth in Morlesau).

Von Hammelburg führt die B 287 zunächst nach *Fuchsstadt* (209 m; 1500 Einw.), dessen Barockkirche, 1786 von Johann Michael Fischer erbaut, mit Altären und Kanzel in Stuckmarmor von Materno Bossi, eine Besichtigung lohnt. Um die Kirche sind die alten Kirchengaden erhalten, Einraumhäuschen, die früher als Lagerräume dienten. Schön sind auch das Brunnenhaus im Ort und einige typische fränkische Hauseingänge.

Nach Unterqueren der Rhön-Autobahn kommt auf einer Höhe die *Ruine Trimburg* ins Blickfeld. Die Burg wurde 1018

44

erstmals genannt und kam 1279 an das Hochstift Würzburg. Aus dem zugehörigen Ort *Trimberg* stammt der Minnesänger Süßkind von Trimberg.

Weiter nordöstlich gelangt man nach *Euerdorf* (203 m; 1250 Einw.), 37 km, dessen Tor und Rundmauer aus der Zeit von Fürstbischof Julius Echter (1573–1617) teilweise erhalten sind. Sehenswert sind auch die alte Saalebrücke und das Zehnthaus aus dem 15. Jahrhundert. In einem Seitental der Fränkischen Saale liegt der *Reiterhof Karwinkel*. In diesen Seitentälern trifft man auf den nördlichsten Weinbau in Franken, vor allem bei *Wirmsthal* und *Ramsthal* (schöne Kirche mit romanischem Untergeschoß). – Die Kreisstadt

Bad Kissingen (201 m; 22 000 Einw.), 44 km, ist Bayerns Staatsbad Nr. 1. Eingebettet in das Tal der Fränkischen Saale und von bewaldeten Höhenzügen umgeben, ist das Bad von der Natur verschwenderisch ausgestattet.

Erste Nachrichten über die örtlichen Salzquellen finden sich bereits bei Tacitus. Er berichtet von einer Schlacht der Chatten gegen die Hermunduren um den Besitz der Salzquellen im Jahre 59 n. Chr. Auch die Heilkraft der Quellen war schon früh bekannt, und der Badebetrieb spielte bereits im Hochmittelalter eine wichtige Rolle neben der Salzgewinnung. Die Salzsiederei erreichte ihren Höhepunkt im späten Mittelalter. Erst 1867 wurde sie völlig eingestellt. Ein halbes Jahrhundert zuvor aber setzte die Blüte des Heilbades ein, die, zwar mehrfach unterbrochen, bis heute anhält. Bad Kissingen bekam internationalen Ruf. König Ludwig I. und Ludwig II. von Bayern, Kaiser Franz Joseph I. und Kaiserin Elisabeth von Österreich, Zar Alexander II. von Rußland, Kaiserin Auguste Viktoria, Reichskanzler Bismarck, die Dichter Graf Leo Tolstoj, Viktor von Scheffel und Paul Heyse, die Maler Adolf von Menzel und Franz von Lenbach zählten zu den illustren Gästen.

Bad Kissingens Anziehungskraft basiert auf der Heilkraft seiner sechs verschiedenartigen Heilquellen, der Qualität seiner vielfältigen Kureinrichtungen, auf der Schönheit seiner Lage und Anlage sowie der Breite seines Freizeitangebots, vom Mineralfreibad über Dampferfahrten (zur Oberen Saline), Postkutschenfahrten (nach Bad Bocklet und Aschach) und Fahrten mit dem „Kurbähnle" (vom Kurzentrum zum Wildpark Klaushof mit Ausflugslokal) bis zu Theater-, Konzert- und Spielbankbesuchen.

Heilung und Linderung zeigt Bad Kissingen an bei Magen-, Darm-, Leber-, Gallen- und Stoffwechselerkrankungen, Herz- und Kreislaufstörungen sowie Rheuma und Frauenleiden.

Bad Kissingens Geschichte spiegelt sich auch in seinen Sehenswürdigkeiten: in der Altstadt mit dem *Alten Rathaus* von 1577 am Markt, der *St.-Jakobus-Kirche*, einer quadratischen Anlage aus der Zeit von

Bad Kissingen: Schmuckhof

1772–1775, sowie dem *Heussleinschen Hof* von 1709, der heute als Rathaus dient. Auch die *Marienkapelle* aus dem 18. Jahrhundert lohnt einen Besuch. Große Teile der Altstadt sowie des Kurbereichs wurden in den siebziger Jahren zu Fußgängerzonen umgestaltet.

Zu den *Kuranlagen entlang der Fränkischen Saale gehören an schönen Bauten der *Regenten- und Arkadenbau,* der *Schmuckhof, Maxbrunnen* und *Wandelhalle* (1911–1913 von Prof. Littmann erbaut), dazu die *Spielbank*. Das *Kurtheater* liegt am Rande der eigentlichen Kurzone. Unter den prachtvollen Gartenanlagen sticht besonders der *Rosengarten* hervor.

Zur *Oberen Saline* im Norden kann man mit dem Motorboot auf der Saale fahren. Das *Salinenschloß* birgt heute das *Bismarckmuseum*. 15mal weilte der Reichskanzler in Bad Kissingen zur Kur.

Von der *Burgruine Bodenlaube* im Süden hat man eine gute Aussicht über die Kurstadt und das Saaletal.

Ende Juni begeht Bad Kissingen seinen *Rosenball*, am 1. Sonntag im August das

45

Rakoczyfest (wobei die berühmten Kurgäste des Bades, dargestellt von Bad Kissinger Bürgern, auftreten).

🛈 Staatliche Kurverwaltung, Am Kurgarten 1, 8730 Bad Kissingen, Tel. (09 71) 30 43.

🚆 Gemünden, Schweinfurt.

🚌 in alle Richtungen; Postkutschenfahrten nach Bad Bocklet und Aschach.

⛴ Bootsfahrten auf der Fränkischen Saale.

🏨 „Steigenberger Kurhaus-Hotel", Am Kurgarten 3; „Kurotel 2002", von-der-Tann-Str. 18; „Bristol", Bismarckstr. 8; „Dorint Hotel Bad Kissingen", Frühlingstr. 1.

🏨 „Kurhotel Das Ballinghaus", Martin-Luther-Str. 3; „Kissinger Hof", Bismarckstr. 14.

🏠 „Aegir", Prinzregentenstr. 11; „Elsa", Prinzregentenstr. 22; „Park-Hotel", Kurhausstr. 28.

🏕 Bad Kissingen-Garitz, Hoher Staffelweg 34.

🏊 „Bad Kissingen" (geöffnet 1. 4.–15. 10.).

🏓, 🚲. – Tennis, Golf, Minigolf, Reiten, Schießen, Segel- und Motorfliegen. Fahrradverleih (Bundesbahn und Motel Fürst Bismarck); 4 markierte Radwanderwege. „Wandern ohne Gepäck" (Motel Fürst Bismarck).

Saaleaufwärts führt die Straße von Bad Kissingen aus an der Oberen Saline vorbei zunächst nach *Hausen,* jetzt Ortsteil des Staatsbades. Hier wurde 1913 Julius Kardinal Döpfner geboren. In dem alten Prämonstratenserinnenkloster sind heute ein Teil des Landratsamtes und die Tourist-Information des Bäderkreises untergebracht. Weiter geht es bei *Kleinbrach* mit seinen schönen altfränkischen Fachwerkhäusern über die Saalebrücke, von der aus man rechts im Tal den Holzturm des *Luitpoldsprudels* erblickt, der 1910 bis zu einer Tiefe von 910 m erbohrt wurde. In *Großenbrach* zweigt rechts eine Straße ab nach

Bad Bocklet (210 m; 3800 Einw.), 52 km, das seit 250 Jahren die stärkste Stahlquelle Deutschlands hat. Das bayerische Staatsbad wird zu Recht als „Biedermeierbad" apostrophiert, hat es sich doch Ruhe und Behäbigkeit der Vergangenheit zu bewahren gewußt. Die Heilanzeigen umfassen Herz- und Gefäßkrankheiten, Blutarmut, rheumatische Erkrankungen, Ischias, nervöse Erschöpfungszustände und Frauenleiden.

1724 entdeckte der Aschacher Pfarrer Johann Georg Schöppner die Quelle, die 1725 durch den Barockbaumeister Balthasar Neumann gefaßt wurde. Als Balthasar-Neumann-Quelle steht sie im Mittelpunkt des Kurgeschehens.

Sehenswert sind in Bad Bocklet die alte *Dorfkirche,* das *Haus des Gastes* und der *Kurpark.*

🛈 Kur- und Verkehrsverein, Postfach 21, 8733 Bad Bocklet, Tel. (0 97 08) 2 24 und 2 17.

🚆 Nächste Bahnstation Bad Kissingen (9 km).

🚌 Bad Kissingen, Bad Neustadt, Würzburg, Berlin.

🏨 „Kurhotel Kunzmann".

🏨 „Kurpension Laudensack", „Kurpension Silberdistel".

🏠 „Biedermeierhof".

🏓. – 🏕, 🚲. – Fahrradverleih (Kurhotel Kunzmann und Kurpension Laudensack); 2 markierte Radwanderwege. „Wandern ohne Gepäck" (Kurhotel Kunzmann).

Aschach (220 m; 800 Einw.), 54 km, an der Mündung der Aschach in die Fränkische Saale, gehört wie *Großenbrach* zu Bad Bocklet. Sein *Schloß* wurde im 12. Jahrhundert von den Hennebergern erbaut und kam 1491 in den Besitz der Fürstbischöfe von Würzburg. Nach Zerstörung in den Jahren 1525 und 1553 wurde es 1559–1579 im Renaissancestil wiederaufgebaut. 1824 kaufte Graf Friedrich von Luxburg das Schloß, ein Kunstfreund, der es mit reichen kunstgeschichtlichen Sammlungen (u. a. Ostasiatika) ausstattete. Sein Sohn Graf Karl von Luxburg schenkte Schloß Aschach dem Bezirk Unterfranken. Besichtigung von Mai bis Ende Okt. täglich außer montags.

Etwas außerhalb des Ortes informiert der *Vogelkundepfad Hirschtränke* über die einheimische Vogelwelt.

Saaleaufwärts führt die Straße weiter über *Hohn* mit seinen schönen Fachwerkhäusern nach

Steinach (224 m; 1300 Einw.), 60 km. In seiner *Pfarrkirche* befindet sich ein hervorragendes **Kruzifix von Tilman Riemenschneider* (Schlüssel zur Kirche beim Pfarramt).

Weiter geht es saaleaufwärts, am *Mehlberg* (431 m; Soldatenfriedhof mit Kapelle) und *Palmsberg* (369 m) vorbei, nach *Bad Neustadt an der Saale* (siehe Route 10), 72 km.

Route 8: Gemünden – Burgsinn – Bad Brückenau – Wildflecken – Kreuzberg – Rhönhäuschen – Rotes Moor – Obernhausen – Wasserkuppe – Gersfeld – Hettenhausen – Motten – Kothen – Volkers – Bad Brückenau (127 km)

Die Rhön erreicht man von Gemünden am Main aus auf der Sinntalstraße über *Rieneck* und *Burgsinn* (s. Route 5). Nächste Wegstationen sind *Obersinn* (in der Pfarrkirche schöne Figur des hl. Wolfgang) und *Altengronau* (ehem. Schloß der Herren von Hutten, jetzt Schule).

Zeitlofs (243 m; 2200 Einw.), 34 km, im Sinntal ist ein Marktflecken in der ehemaligen Thüngenschen Zehnt. Lange Zeit war er einer der Hauptsitze der Edelherren von Thüngen. Noch heute sind zwei Thüngensche *Schlösser* und das Thüngensche *Rentamt* erhalten. In der von 1737 bis 1740 erbauten *evangelischen Pfarrkirche* befindet sich ein kunstgeschichtlich wertvolles Alabasterdenkmal des Grafen Hans Karl I. von Thüngen, der General unter dem Prinzen Eugen war.

Die Straße führt nun flußaufwärts durch das Tal der Sinn über *Rupboden* und den Bad Brückenauer Ortsteil *Wernarz* mit seiner neuen Kirche nach

Bad Brückenau (297–332 m; 6500 Einw.), 42 km, das hauptsächlich aus zwei getrennten Teilen besteht: dem Bayerischen Staatsbad und dem städtischen Heilbad.

Das Staatsbad verdankt seine Gestaltung im wesentlichen König Ludwig I. von Bayern, der 26mal hier zur Kur weilte. Auch die Fürstäbte von Fulda nahmen entscheidenden Einfluß auf die Entwicklung dieses Bades, das über drei Quellen verfügt. Heilanzeigen: Erkrankungen der ableitenden Harnwege, Frauenleiden, Rheuma, nervöse Erschöpfungszustände. Sehenswert sind der *Kursaal*, der *Fürstenhof* und das moderne *Kurmittelhaus*, der *Elisabethenbau* und die *Wandelhalle* sowie die *Pfarrkirche*.

Auch das durch Straße und schöne Promenadenwege mit dem Staatsbad verbundene Heilbad Brückenau verfügt über drei Heilquellen, die zu Trink- und Badekuren bei Magen-, Darm- und Stoffwechselerkrankungen sowie Rheuma zur Anwendung kommen. Zwischen altem *Kurpark* und neuem *Kurgarten* steht die moderne *Wandelhalle*. Neuzeitlich ist auch das Hallenbad (28° C Wassertemperatur; Bewegungstherapie).

Die katholische *Stadtpfarrkirche* zeigt über dem Hochaltar eine Plastik „Christus der Erlöser" von Sonnleitner. Das *Heimatmuseum* birgt Ausstellungsstücke zur Geschichte der Stadt und ihres Umlandes. Hübsche Holzschindel- und Fachwerkbauten präsentieren die Altstadt.

Staatsbad Brückenau: Kurmittelhaus

🛈 Staatliche Kurverwaltung, im Elisabethenhof, Heinrich-von-Bibra-Str., 8788 Bad Brückenau-Staatsbad, Tel. (09741) 772 und 773; Städtische Kurverwaltung, im Rathaus, Tel. (09741) 721.

🚌 Gemünden, Wildflecken.

🚍 Würzburg, Hannover.

🏨 „Kurhotel Bad Brückenau", „Fürstenhof und Schloßhotel" (beide im Staatsbad).

🏨 „Deutsches Haus", „Zum Stern"; „Jägerhof" (im Staatsbad).

🏠 „Zum grünen Baum"; „Henkel" (in Wernarz).

⚠ Schützenhausweg 6.

3 🏊, 🏊 (Mineralfreibad).

Die Route führt weiter sinnaufwärts über den Ortsteil *Römershag* mit seiner Wasserburg aus dem 17. und 18. Jahrhundert (heute Altenheim) nach

Riedenberg (398 m; 1250 Einw.), 47 km, am Fuße des 786 m hohen *Farnbergs* mit seinem großzügig angelegten Freizeitgebiet (u. a. drei Spielplätze, Grillanlage, Bocciabahn, Tischtennis, Parkplätze).

Ihm schließen sich der Jugendzeltplatz Farnsberg und das „Berghaus Rhön" („Wandern ohne Gepäck") an. Daneben liegt der Basaltsee, im Volksmund „Tintenfaß der Rhön" genannt. Der Farnsberg ist Ausgangspunkt von 4 Skiloipen (u. a. 20 km langer „Drei-Hütten-Weg").

Über den Ferienort *Oberbach* mit sehenswerter katholischer Pfarrkirche und Fachwerkhaus aus dem 17. Jahrhundert gelangt man zum Markt

Wildflecken (463–630 m; 3100 Einw.), 55 km, mit evangelischer und katholischer Kirche, dessen Naturparkbereich nach Norden und Westen durch einen 6000 ha großen Truppenübungsplatz (Sperrgebiet) eingeengt ist. Die höchsten Erhebungen des *Dammersfeldmassivs* sind *Dammersfeldkuppe* (928 m), *Eierhauck* (910 m), *Rückberg* (870 m) und *Zornberg* (838 m). Wildflecken ist Garnison und Endpunkt der von Jossa kommenden Sinntal-Eisenbahn. Bekannt ist Wildflecken als Ausgangspunkt zum

*Kreuzberg (928 m), 63 km, dem „heiligen Berg der Franken", zu dem Straße und Wanderweg hinaufführen. Die *Klosterkirche* aus den Jahren 1681 bis 1692 enthält zahlreiche Schätze, die man sich von einem der Franziskaner-Ordensbrüder im Rahmen einer Führung erklären lassen kann (an der Klosterpforte läuten!). Für die Strapazen des Anstiegs entschädigt eine zünftige Brotzeit mit dem vortrefflichen dunklen Bier, das die Franziskaner hier seit 250 Jahren brauen.

Vom Kloster aus gelangt man in wenigen Minuten zu Fuß auf den Gipfel des Berges, den ein hohes Holzkreuz bezeichnet; in der Nähe der 150 m hohe *Fernsehturm* der Bundespost. Unterhalb der Bergkuppe stehen *drei barocke Kreuze,* oberster Punkt des Kreuzweges. Weit geht von dort der Blick über die Hohe Rhön bis zu deren höchstem Berg, der Wasserkuppe (950 m). Im Winter ist das Gebiet um den Kreuzberg ein ideales Skigelände mit zwei Sprungschanzen, fünf Liften und mehreren Langlaufloipen. – ⚠ am Berghang.

Die Route führt nun nordwärts über *Bischofsheim* (s. Route 11), 59 km, auf der B 278 in die *Hohe Rhön.* Zwischen *Hoher Hölle* (894 m) im Westen und *Münzkopf* (849 m) im Osten liegt in 750 m Höhe das *Rhönhäuschen* (zu ihm gehört auch ein Hotel mit 47 Betten).

Gleich hinter der bayerisch-hessischen Grenze erstreckt sich das *Rote Moor,* mit 40 ha das zweitgrößte Hochmoor der Rhön (nach dem Schwarzen Moor). Hier wird auch heute noch der Torf für die Moorbäder in Bad Kissingen, Bad Salzschlirf und Gersfeld gestochen. Trollblume und Wollgras verwandeln im Frühling und Sommer das Moor in einen blühenden Teppich. Es gibt seltene Sumpf- und Moorpflanzen in Fülle wie die fleischfressenden Sonnentau, und der Tierfreund kann das Birkwild auf freier Wildbahn beobachten.

Vor *Ehrenberg–Wüstensachsen* biegt man links in die B 284 ein. Östlich von *Obernhausen* (680 m; 1350 Einw.) führt eine Nebenstraße (westlich der Straße die *Fuldaquelle)* auf die

*Wasserkuppe, 87 km, mit 950 m der höchste Berg der Rhön und Wiege der deutschen Segelfliegerei. Auf ihren baumlosen Hängen mit günstiger Thermik wurden schon 1911 von kühnen Flugpionieren erste Gleitflugversuche unternommen. Die *Segelfliegerschule* am Gipfel führt von Ostern bis in den Herbst Lehrgänge für Anfänger und Fortgeschrittene durch. Alljährlich finden Segelfliegertreffen sowie Flug- und Modellflugwettbewerbe statt. Auch der Drachenflug findet immer mehr Freunde. Ein Berghotel (⌂) lädt zur Rast ein. Das *Segelfliegermuseum* informiert mit Fotos und Modellen über Geschichte und Entwicklung des Segelflugs. Das *Mal der Flieger* am Westhang wurde 1923 vom Ring der Flieger gestiftet.

Nördlich der Wasserkuppe liegt die *Abtsroder Kuppe* (905 m), südlich des „Berges der Segelflieger" rahmen *Pferdskopf* (875 m) und *Eube* (814 m) – alles Teile eines mächtigen Gebirgsstocks – den *Guckaisee* ein, in dem sich die Wasser der Lütter sammeln. Im Sommer ein beliebtes Ausflugsziel (großzügige Parkplätze), ist das Guckaisee-Gebiet im Winter mit mehreren Liften ein stark frequentiertes Skigebiet. Östlich der Wasserkuppe das Naturschutzgebiet *Schafstein* (Basaltmeer).

Gersfeld (486 m; 6000 Einw.), 97 km, an der oberen Fulda gelegen, ist nicht nur ein besuchter Kneipp- und Luftkurort, sondern auch ein beliebter Wintersportplatz. Diese „heimliche Hauptstadt der Rhön", zu der neben der eigentlichen Stadt zwölf idyllische Dörfer gehören, hat bereits über hundert Jahre Tradition als Urlaubsort. Hier wurden 1876 der „Rhönclub" und 1950 der „Deutsche Aero-Club" gegründet.

Mittelpunkt der Stadt ist der *Marktplatz* mit seinen Fachwerkbauten. Das Ortsbild wird mitgeprägt von drei Schlössern. Das älteste von ihnen, das *Obere Schloß*, stammt ursprünglich aus dem 15. Jahrhundert und erhielt seine heutige Gestalt um 1605. Das *Mittlere Schloß* aus dem Jahre 1608 ist eine Wasserburg, deren hoher Turm leider abgerissen wurde. Das *Untere Schloß*, ein Barockbau der Herren von Ebersberg, birgt heute das *Heimatmuseum* mit interessanten Sammlungen. Besonders schön ist sein Rokokosaal. Führungen finden mittwochs und samstags um 15 Uhr statt.

Bemerkenswert ist auch die barocke evangelische *Stadtpfarrkirche*, erbaut 1780 bis 1785, deren klangschöne Orgel 1787 Johann Michael Wagner schuf. Die übrige Ausstattung, wie die Kanzel mit ihrem geschnitzten Schalldeckel, stammt von heimischen Künstlern.

Eine Viertelstunde Fußweg außerhalb der Stadt liegt der 50 ha große *Hochwildschutzpark Ehrengrund* mit Freigehegen und großem See für Wassergeflügel.

Für den Winterurlauber gibt es in der Umgebung von Gersfeld zahlreiche Lifte, geräumte Wanderwege und Loipen für den Langlauf. Auch Skikurse werden angeboten.

🄸 Städtische Kurverwaltung, im Rathaus, 6412 Gersfeld/Rhön, Tel. (0 66 54) 4 75 und 4 76.

🚢 Fulda.

🚌 Bad Neustadt a. d. Saale, Coburg.

🏨 „Kurhotel Gersfelder Hof", Auf der Wacht 14; „Barockschloß", Schloßstr. 1.

🏚 „Krone-Post", Marktplatz 30; „Gästehaus Schwab", Auf der Wacht 19.

🏠 „Zur Sonne", Amelungstr. 1; „Goldener Stern", Rommerser Str. 8.

⛺ Am Dammel.

⛺ Gersfeld-Schachen.

⛺ im Kurgebiet.

„Wandern ohne Gepäck" (Gasthaus Zur Sonne).

Die Route folgt ein Stück der oberen Fulda in westlicher Richtung. Dabei werden die zu Gersfeld eingemeindeten Dörfer *Altenfeld* und *Hettenhausen* passiert. Mit dem idyllischen Erholungsort

Motten (420 m; 1600 Einw.), 112 km, erreicht man wieder bayrisches Gebiet. Der Aussichtsturm auf der *Großen Haube* (658 m) gewährt einen weiten Rundblick auf Hohe Rhön und Südrhön.

Kothen (400 m; 550 Einw.), 117 km, ein Ortsteil von Motten, am Oberlauf der Schmalen Sinn, liegt unterhalb des *Pilster*,

eines Phonolithfelsens, an dessen Fuß eine Mineralquelle (Säuerling) entspringt.

Über *Speicherz*, das auch noch zu Motten gehört, geht es im Tal der Schmalen Sinn weiter nach

Volkers (330 m; 1100 Einw.), 124 km, das bereits ein Stadtteil von Bad Brückenau ist. Über dem Ort erhebt sich das alte *Franziskanerkloster Volkersberg*, dessen Kirche 1664 erbaut und 1707 erweitert wurde. Die Innenausstattung ist reines Barock. In der Sakristei befindet sich eine besonders schöne Stuckdecke. Ein Kreuzweg aus dem Jahre 1755 beeindruckt. Unterhalb der Kirche liegt die Klostergaststätte, von deren Terrasse man einen prachtvollen Ausblick auf Sinntal und Südrhön hat.

Nach Passieren des Jugend-Campingplatzes der Diözese Würzburg (rechts) erreicht man wieder das Zentrum von *Bad Brückenau*, 127 km, wo diese Route endet.

Route 9: Bad Kissingen – Oberthulba – Thulba – Untererthal – Hammelburg – Bad Brückenau – Geroda – Frauenroth – Aschach – Bad Kissingen (81 km)

Diese Route durch die Südrhön führt von der Kurstadt Bad Kissingen (s. Route 7) zunächst in Richtung Autobahnauffahrt Bad Kissingen. Rechter Hand taucht bald die Gemeinde *Albertshausen* auf, der Geburtsort des Bildhauers Fried Heuler (1889–1969), der neben zahlreichen Werken im unterfränkischen Raum auch das Neumann-Boxberger-Denkmal in Bad Kissingen schuf. Von der Umgehungsstraße fährt man dann nach Oberthulba hinein.

Oberthulba (270 m; 4000 Einw.), 10 km, liegt in dem noch sehr stillen Thulbatal, das mit gutausgebauten Spazierwegen ohne größere Steigungen ein besonders schönes Wandergebiet darstellt. Der Marktflecken ist durch Eingemeindungen zu seiner heutigen Größe gelangt. Sehenswert sind hier die *Freydenkapelle* und ein *Bildstock* aus dem Jahre 1657 am Ortsrand.

🅱 Gemeindeverwaltung, 8731 Oberthulba, Tel. (0 97 36) 10 11.

🚌 Bad Kissingen, Hammelburg.

🏨 Schur's Hotel „Zum grünen Kranz".

🏚 Gasthof „Schwarzer Adler".

Reiten, Tennis, Fahrradverleih.

Die Straße geht unter der Brücke der Rhön-Autobahn hindurch zunächst nach *Reith* und weiter nach

Thulba (234 m; 860 Einw.), 15 km, das heute nach Oberthulba eingemeindet ist. Ursprung des Ortes war ein im 12. Jahrhundert gegründetes Benediktinerinnenkloster, von dem die in ihrer eigenwilligen Bauweise interessante *Klosterkirche* aus dem Jahr 1127 und ein *Probsteigebäude* von 1701 erhalten blieben. Außerdem weist der Ort eine Reihe schöner Fachwerkhäuser auf.

Zwischen Thulba und Obererthal entstand in den letzten Jahren die großzügige *Thulba-Freizeitanlage* mit Campingplatz, Gaststättenbetrieb und einer Wasserski-Übungsanlage, der *Skinautica*, zu der auch ausgedehnte Kinderspielplätze gehören. Auskünfte erteilen: E. und W. Metzung, 8783 Obererthal, Tel. (0 97 36) 2 64 und 3 06.

Weiter geht es über *Obererthal* nach *Untererthal*, in dessen Kirche sich sehenswerte Grabdenkmäler der Herren von Erthal befinden.

Man folgt nun dem Thulbatal in südlicher Richtung auf der B 27 nach

Hammelburg (s. Route 7), 24 km, wo die Thulba in die Fränkische Saale mündet.

Nur 4 km, und man ist wieder in *Untererthal*. Diesmal folgt man der B 27 weiter nach Norden. 4 km nördlich von Untererthal erhebt sich rechts der Straße der 446 m hohe *Büchelberg*, der eine gute Rundsicht bietet. Ausgedehnte Waldgebiete mit prachtvollen Baumbeständen begleiten nun die Bundesstraße, die einer alten Heerstraße folgt. Das stille waldreiche *Schondratal*, beliebt für Wanderungen (s. Route 7), wird überquert, *Unter-* und *Oberleichtersbach* (hier sollte man die Pfarrkirche besuchen) werden passiert (🏨 „Hotel Rhön-Hof" in Oberleichtersbach). Kurz darauf taucht linker Hand der 660 m hohe *Dreistelz* auf, der als eine der höchsten Erhebungen der Südrhön von seinem Aussichtsturm aus eine besonders gute Rundsicht bietet. Wenig später erreicht man

Bad Brückenau (s. Route 8), 48 km.

Die Route verläuft nun sinnaufwärts vorbei an dem Bad Brückenauer Stadtteil *Römershag* mit seinem aus einer alten Wasserburg entstandenen Schloß, das heute als Altersheim dient. Melchior Adam Weickard, Arzt und Philosoph, Leibarzt der Zarin Katharina II. und kaiserlich russischer Staatsrat, wurde hier geboren. Bald ist die B 286 erreicht, die in südöstlicher Richtung nach Bad Kissingen führt.

🏨 „Pilsterhof".

Bei der Autobahn-Auffahrt *Bad Brückenau-Wildflecken* wird erneut die Rhön-Autobahn gekreuzt. In *Schildeck*, 53 km, findet man auf dem 590 m hohen *Schildeckberg* Mauerreste der *Ruine Schildeck*. Auf der benachbarten *Mettermich* lassen Steinwälle auf eine alte keltische Fliehburg schließen. Der nächste Ort ist

Geroda (443 m; 600 Einw.), 56 km, das zusammen mit *Platz* („Bayerischer Hof" mit kleinem privaten Museum) ein eigenes beliebtes Feriengebiet bildet. Die Ortsdurchfahrt ist hier besonders eng und kurvenreich. Direkt neben der Straße liegt das kleine Fachwerkhaus *Insel*, das einen kurzen Aufenthalt lohnt. Die Orgel in der *evangelischen Kirche* ist die älteste erhaltene Orgel der Rhön (1675). Geroda ist vor allem Ausgangspunkt für Wanderungen in die *Schwarzen Berge*, einen Teil der Südrhön, mit der *Platzer Kuppe* (737 m) als eine der höchsten Erhebungen (zum Teil Naturschutzgebiet; schöner Rundblick). Beliebte Wanderziele sind auch das *Würzburger Haus*, das *Berghaus Rhön* im Erholungsgebiet Farnsberg und die *Kissinger Hütte* sowie der 928 m hohe *Kreuzberg* (s. Route 8), der „heilige Berg der Franken". Die Wanderwege sind gut gekennzeichnet.

🛈 Verkehrsverein, 8789 Markt Geroda, Tel. (0 97 47) 1 03 und 1 02.

🚆 Nächste Bahnstation Bad Brückenau (9 km).

🚌 Bad Brückenau, Bad Kissingen.

⌂ „Grünes Tal", „Karl-Straub-Haus".

🏕 am Ortsrand.

Waldfenster (455 m; 600 Einw.), 63 km, ist ebenfalls ein beliebter Ferienort am Naturpark Rhön. Durch die waldreiche Umgebung führen schöne Wanderwege.

Die Inhaber der örtlichen Privatpensionen holen ihre Gäste gern vom Bahnhof Bad Kissingen ab.

🛈 Verkehrsverein, 8731 Waldfenster.

Etwa 2 km hinter Waldfenster kommt die B 286 an eine größere Kreuzung. Rechts führt ein Straßenabzweig nach *Lauter* (1,5 km), dessen Pfarrkirche eine schöne romanische Madonna aus dem 13. Jahrhundert bewahrt (Kirchenschlüssel im Pfarrhaus). Unsere Route folgt dem linken Straßenabzweig über den kleinen Ort *Burkardroth* nach

Frauenroth (280 m; 180 Einw.), 69 km. In der Kirche der einstigen Zisterzienserinnenabtei (etwa aus der Zeit um 1230) findet man das *Grabmal* des Klosterstifters, des Minnesängers Graf *Otto von Bodenlauben*, und seiner Gemahlin Gräfin *Beatrix*, das zu den schönsten und eindrucksvollsten Sandsteinreliefs aus dem Hochmittelalter zählt. Beachtenswert ist auch die Pieta, die etwa aus der gleichen Zeit stammt.

Von Frauenroth aus fährt man durch das idyllische *Aschachtal*, vorbei an Schloß und Ort *Aschach* (s. Route 7) zurück nach *Bad Kissingen*, 81 km.

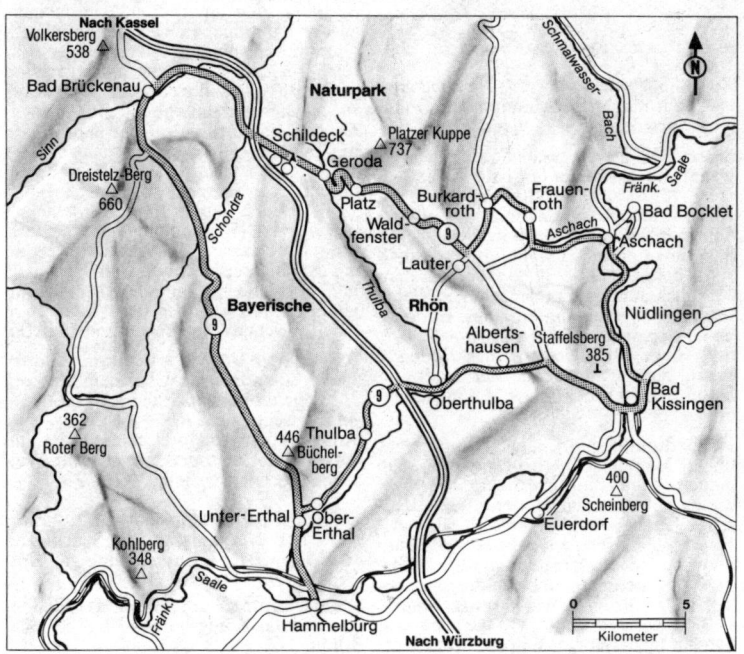

Route 10: Bad Neustadt an der Saale – Wülfershausen – Bad Königshofen (– Irmelshausen) – Münnerstadt – Bad Neustadt an der Saale, 60 km

Ausgangspunkt dieser Route, die den Bereich des fruchtbaren *Grabfeldes* erschließt, ist der Kurort

Bad Neustadt an der Saale (230 m; 14 000 Einw.). Die heutige Stadt, Sitz des Kreises Rhön–Grabfeld, entstand durch den

Bad Neustadt: Hohntor

Zusammenschluß von Bad Neuhaus und Neustadt, das an der Mündung der Brend in die Fränkische Saale liegt.

Schon 878 als Obersalz urkundlich erwähnt, wechselte der Ort bald seinen Namen: 1232 wurde er Nova civitas, 1309 Nuwenstadt genannt. Die ausgedehnten Salzlager an der Saale waren von jeher hart umkämpft, die Stadt wurde deshalb stark befestigt. Die *Stadtmauer* aus dem 13. Jahrhundert mit drei mächtigen Wehrtürmen ist vollständig erhalten. Ein reizvoller Spazierweg führt ganz um sie herum. Einer der Tortürme, das *Hohntor*, wurde zum Wahrzeichen der Stadt. Im Hohntor sind sehenswerte Heimatstuben untergebracht.

Im Stadtmittelpunkt, unweit vom geräumigen Marktplatz, erhebt sich die 1836 eingeweihte katholische *Stadtpfarrkirche*, die zu den wenigen größeren klassizistischen Kirchenbauten Frankens zählt. Älter ist die gotische *Klosterkirche* des ehemaligen, 1352 gegründeten Karmeliterklosters, die im 18. Jahrhundert ihre sehenswerte Rokoko-Ausstattung bekam. Die klangschöne Orgel (1732) stammt von Johann Ignaz Samuel Will aus Würzburg.

Das *Schloß* im Kurbereich des Stadtteils *Bad Neuhaus*, ein dreiflügeliger Barockbau, 1767 von dem italienischen Baumeister Enrico Todosci erbaut, ist heute Kur- und Schloßhotel. Eine schöne Rokoko-Ausstattung zeigt die 1773–1776 errichtete *Schloßkapelle*.

Im angrenzenden ausgedehnten *Kurpark* befinden sich *Brunnenhaus* und *Wandelhalle*. Fünf eisenhaltige Säuerlinge werden zu Trinkkuren ausgeschenkt. Bereits vor über hundert Jahren hat der berühmte Chemiker Justus von Liebig die Heilquellen des Bades analysiert und sie zu den besten ihrer Art in Deutschland gerechnet. Ein neuerbautes *Natursole-Bad* vervollständigt das Kurangebot des Heilbades. Heilung ist angezeigt bei Magen-, Darm-, Leber- und Gallenwegserkrankungen, Stoffwechselleiden, Rheuma, Herz- und Gefäßerkrankungen, Frauen- und Nervenleiden.

Über den Kuranlagen erhebt sich auf einem bewaldeten Kalkberg die *Burgruine Salzburg*, eine der größten Deutschlands, zu der Fahr- und Fußweg hinaufführen. Die mehrere hundert Meter langen mittelalterlichen Umfassungsmauern sind noch fast vollständig erhalten. Den äußeren Mauerring umschließt ein Graben. Durch den Torturm gelangt man in den inneren Bereich der Burganlage. Der Treppengiebel des gotischen Palas beeindruckt. Die Burgkapelle entstand erst 1848. Im von Wohntürmen umschlossenen Burghof (Besichtigung nur nach telefonischer Anmeldung. Auskünfte erteilt das Städt. Verkehrsamt Bad Neustadt) befindet sich ein 80 m tiefer Brunnen mit altem Tretrad. Schön ist der Ausblick von der Burgschenke auf Rhön und Saaletal.

Im Stadtteil *Mühlbach* lohnt die *Klosterkirche* einen Besuch. Über dem Stadtteil *Herschfeld* erhebt sich das sehr moderne und fortschrittliche *Rhön-Klinikum* – eine Kombination aus Hotel, Sanatorium und Klinik – mit dem ersten Natursole-Wellenbad in Deutschland.

i Städtisches Verkehrsamt, am Hohntor, 8740 Bad Neustadt an der Saale, Tel. (0 97 71) 33 60; Kurverwaltung, Kurhausstr. 35, Tel. (0 97 71) 40 74.

🚌 an den Strecken Schweinfurt – Fladungen und Bad Königshofen – Bischofsheim/ Rhön.

🚌 Bad Kissingen, Mellrichstadt, Bad Königshofen, Bischofsheim.

🏨 „Schloßhotel", Kurhausstr. 37.

🏨 „Schwan und Post", Hohnstr. 35; „Stadthotel", An der Stadthalle 4.

🏨 „Am Markt", Marktplatz 21.

🔲, 🚐.

Man verläßt Bad Neustadt in nordöstlicher Richtung auf der B 19 und biegt bei *Heustreu* (235 m; 1100 Einw.; Fachwerkhäuser, Michaelskapelle aus dem 16. Jh.), 4 km, in südöstliche Richtung, dem Lauf der Fränkischen Saale folgend, auf die B 279 ab. *Hollstadt* und *Wülfertshausen* besitzen mittelalterliche Kirchenbefestigungen (14.–15. Jh.). Über *Saal* mit der Marien-Wallfahrtskirche auf dem Findelberg geht es am 346 m hohen *Kreuzberg* (ausgedehntes Segelfluggelände) vorbei nach *Großeibstadt*. Nächstes Ziel ist

Bad Königshofen im Grabfeld (278 m; 5500 Einw.), 24 km, umgeben von den Haßbergen, der Rhön und den Ausläufern des Thüringer Waldes. Königshofen führt erst seit 1974 die offizielle Bezeichnung „Bad" in seinem Namen, zählt also zu den jüngsten bayerischen Heilbädern. Die Heilanzeigen umfassen Magen-, Darm-, Leber- und Gallenleiden, Stoffwechselkrankheiten, Erkrankungen der Bauchspeicheldrüse, Rheuma und Nervenleiden. Den Kurgästen steht ein modernes Kurzentrum mit Kurmittelhaus, Hallenbad, beheiztem Freibad, Restaurant, Bibliothek und Phonothek zur Verfügung.

Der Ortsname geht auf einen fränkischen Königshof zurück, der 741 durch Schenkung an das neu geschaffene Bistum Würzburg kam. Schon um diese Zeit besaß Königshofen eine dem heiligen Petrus geweihte königliche Eigenkirche. Im Mittelalter wechselten die Grafen von Henneberg und die Fürstbischöfe von Würzburg einander in der Herrschaft ab. Die Bischöfe bauten die Stadt zur Festung aus. 1826 wurde Königshofen bayerisch. Die Festungswerke wurden nun geschleift. 1893 wurde die Heilquelle erbohrt, 1904 das erste Badehaus eröffnet.

Mittelpunkt der Stadt ist der *Markt* mit dem erkergeschmückten *Rathaus* (1563–1575 erbaut) und den drei Brunnen, darunter der *Michaelsbrunnen* mit seiner schmiedeeisernen Krone. Die nahegelegene spätgotische katholische *Stadtpfarrkirche* wurde 1442–1502 an der Stelle eines älteren Vorgängerbaus errichtet, von dem noch das Südportal stammen könnte. Das Bogenfeld des Westportals zeigt eine Darstellung des Jüngsten Gerichtes (um 1480), das des Nordportals ein Relief der Verkündigung. Die Innengestaltung der Kirche wurde mehrfach dem wechselnden Zeitstil angepaßt. Die Renovierung von 1968 stellte den ursprünglichen Zustand wieder her. Schön sind die Netzrippengewölbe des Langhauses und der Westempore, zu der im südlichen Treppenturm eine Doppelwendeltreppe hinaufführt. Die spätgotische Kanzel schuf Hans Ditterich. Jeden Sonntag um 12 Uhr findet vom Turm der Kirche ein Choralblasen statt.

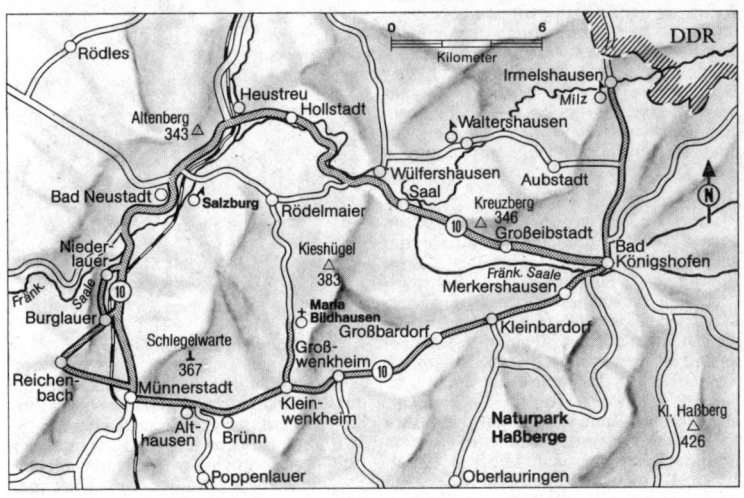

Kunstfreunde seien auf die nahen Roko-
kokirchen im Ortsteil *Ipthausen* (1 km)
und in *Eyershausen* (4 km) hingewiesen.

Das Wappentier der Herren von Bibra,
der Biber, kennzeichnet einen sehr schönen 16 km langen Rundwanderweg von
Bad Königshofen über *Burggut Höch-
heim* nach *Schloß Waltershausen* (hier
wurde 1761 Charlotte von Kalb geboren,
die Freundin Schillers und Jean Pauls,
hier wirkte 1793–1795 der Dichter Friedrich Hölderlin als Erzieher) und zurück
über *Aubstadt.*

🅸 Kurverwaltung, im Kurzentrum, 8742
Bad Königshofen, Tel. (0 97 61) 8 28.

🚌 Fulda, Coburg, Bad Neustadt a. d. S.

🏨 „Kurpark-Hotel", Martin-Reinhard-
Str. 30

🏨 „Brünner", „Heintz", beide am
Marktplatz.

🏨 „Fränkischer Hof – Post", Marktplatz.

🅿 und 🍴 im Kurzentrum.

Von Bad Königshofen aus empfiehlt sich
ein Abstecher nach

Irmelshausen (7 km) im Milzgrund mit
Kirche und schönen Fachwerkhäusern,
vor allem aber einem aus dem Jahre 1358
stammenden *Wasserschloß* der Herren
von Bibra (Besichtigung nach telefonischer Voranmeldung; Auskünfte erteilt
die Kurverwaltung Bad Königshofen).

Die Hauptroute führt nun zunächst weiter
auf der Straße in Richtung Schweinfurt,
vorbei an dem Ausflugsziel *Sambachshof*
und dem Ort *Merkershausen.* In *Kleinbar-
dorf* biegt man westwärts auf eine Nebenstraße in Richtung Münnerstadt. Über
Großbardorf geht es nach *Großwenk-
heim,* dessen Barockkirche mit Decken-
gemälden von Johann Peter Herrlein aus
dem 18. Jahrhundert zu einem kurzen
Besuch einlädt.

Bei *Kleinwenkheim,* 39 km, das eine
Pfarrkirche mit schönen Barockaltären
besitzt, biegt rechts eine Straße ab zum
ehemaligen *Zisterzienserkloster Maria
Bildhausen* (4 km) aus dem 12. Jahrhundert. Ein Abstecher dorthin lohnt sich.
Das 1803 säkularisierte Kloster (ein Teil
dient heute als Heim für geistig Behinder-
te und Taubstumme) betritt man durch
ein Torhaus, das eine spätromanische
Sandsteinmadonna von 1385 schmückt.
Das Abteigebäude stammt aus dem Jahre
1625, das Konventsgebäude mit einem
riesigen Deckengemälde von I. M. Wol-
ker (1741) im ehemaligen Bibliothekssaal

aus dem 18. Jahrhundert. Ein Treppenturm erinnert an das einstige Refekto-
rium. Im Klostergarten steht ein renovier-
ter Gartenpavillon aus dem Jahre 1766.
Zum Klosterkomplex gehört auch eine
Klosterwirtschaft (mit Fremdenzim-
mern).

Auf der Weiterfahrt von Kleinwenkheim
aus sind in *Brünn* die Kirche aus dem 14.
Jahrhundert mit modernen Gemälden
von Herbert Heinisch und in *Althausen*
die Barockkirche mit einem gotischen
Turm sehenswert.

Münnerstadt (235 m; 4700 Einw.), 46 km,
das man lauerabwärts erreicht, zeigt noch
ein mittelalterliches Stadtbild mit Befestigungsmauer, Türmen und Toren.

Urkundlich erwähnt wurde Münnerstadt
erstmals 770 als Munrihestat. 812 wurde
eine Burg bezeugt. Um die Mitte des 13.
Jahrhunderts erhielt der Ort erst Befesti-
gungsanlagen und ließen sich hier die
Deutschherren nieder. 1335 erhielt Münnerstadt Stadtrechte. Im Besitz der Stadt
wechselten die Grafen von Henneberg
und die Bischöfe von Würzburg einander
ab.

Einen Stadtrundgang beginnt man am besten am Marktplatz. Hier steht das spätgotische *Rathaus* (1460). Sein Untergeschoß war früher offen und diente als

Münnerstadt: Stadtpfarrkirche

Markthalle. Über Riemenschneiderstra-
ße und Kirchgasse gelangt man zur katho-
lischen *Stadtpfarrkirche,* deren Bau im 13.
Jahrhundert begonnen wurde. Aus dieser
Zeit stammt noch der Westturm mit der
Eingangshalle und dem säulenge-

54

schmückten Portal. Im 15. Jahrhundert entstand der hochgotische Chor mit seinen prachtvollen *Glasmalereien. 1608–1612 wurde die ursprüngliche Basilika in eine weiträumige Renaissancehalle umgewandelt. Der *Magdalenaltar aus den Jahren 1490–1492 ist das erste große Meisterwerk von Tilman Riemenschneider, seine *Flügelgemälde sind die einzigen erhaltenen Malereien von Veit Stoß. Beachtung verdienen auch die Grabmäler aus dem 16. und 17. Jahrhundert wie auch die Grisaillen aus der Echter-Zeit (2. Hälfte 16. Jh.). – Neben der Kirche steht das Frühmeßmerhaus, ein gotischer Fachwerkbau, dessen geschnitzter Eckbalken Darstellungen von Adam und Eva aufweist (1627).

Südlich der Stadtpfarrkirche führt die Jörgentorstraße zum Jörgentor, das um 1250 erbaut und im 15. Jahrhundert mit einem neuen Obergeschoß versehen wurde. Das Vorwerk mit der Wehranlage datiert in seiner heutigen Form von 1595. Sein Madonnenschmuck entstand bereits um 1380.

Eine Abzweigung der Jörgentorstraße leitet links hin zur ehemals hennebergischen Burg, auf deren Gelände im 17. Jahrhundert die fürstbischöfliche Zehntscheuer errichtet wurde. Daneben liegt das Deutsche Haus, ein gotischer Profanbau, seit 1613 Pfarrhof.

Nördlich der Stadtpfarrkirche geht es dann über die Deutschherrenstraße zum Deutschordensschloß. Es beherbergt heute das Städtische Museum. Die Vierflügelanlage (ursprünglich 13. Jh., im 16. und 17. Jh. im Renaissancestil umgebaut) umschließt einen Innenhof mit schönem Portal von 1612 und prachtvollem Renaissance-Erker (1621). Das Museum zeigt in 20 Räumen vor allem sakrale Kunst (darunter ein Veit Stoß zugeschriebenes Salvatorknäblein aus dem Jahre 1500), daneben Arbeitsgeräte und Einrichtungsgegenstände der heimischen Bevölkerung aus mehreren Jahrhunderten.

Man setzt den Rundgang fort durch die Schwesterngasse nach Westen zur Riemenschneiderstraße, der man in nördlicher Richtung bis zum alten Augustinerkloster (im 1. Stock Aula mit barocker Stuckdecke von Thomas Zeni, 1693) und zur Augustinerkirche folgt. Die Augustiner ließen sich bereits 1279 in Münnerstadt nieder. Die Rokokokirche wurde 1752–1754 von Johann Michael Schmidt erbaut. Sie enthält wertvolle Deckenfresken von Johann Anwander und reichen Figurenschmuck von J. J. Keßler, der auch die kostbare Kanzel schuf.

Man geht nun weiter zum Dicken Turm, dem ältesten der Münnerstädter Stadttürme, aus dem Jahre 1240, der zeitweise als städtisches Gefängnis diente.

Durch die Grünanlage neben dem Turm gelangt man in die Krankenhausstraße, folgt dieser in südlicher Richtung und stößt nach Überqueren der Gymnasiumstraße auf den Stadtmauerweg, dem man bis zur Schäfergasse folgt. An deren Ende biegt man links in die Bauergasse ein und steht vor dem Bildhäuser Hof, einem alten Patrizierhaus aus dem 17. Jahrhundert.

Man folgt der Bauerngasse in östlicher Richtung und trifft an der Ecke Veit-Stoß-Straße/Kapellengasse auf das mächtige Gebäude der Würzburger Amtskellerei, das in den Jahren 1744–1748 errichtet wurde.

Durch die Veit-Stoß-Straße geht es nun südwärts bis zum Oberen Tor aus dem 13. Jahrhundert (der Renaissancegiebel wurde später aufgesetzt). Man biegt in die Obere Torgasse ein und folgt ihr bis zur Amtsgerichtsstraße, die zum Anger mündet. Hier wird alljährlich von Laien in historischen Kostümen im August und September vor der Kulisse des Heimatspielhauses (Fachwerkbau um 1800) das an die Schwedenzeit erinnernde Freilichtfestspiel Die Schutzfrau von Münnerstadt aufgeführt.

Durch die Jürgentorstraße erreicht man bald wieder den Marktplatz.

🅓 Stadtverwaltung, Marktplatz 1, 8732 Münnerstadt, Tel. (0 97 33) 90 31.

🚌 Schweinfurt, Fladungen.

🚏 Frankfurt am Main, Würzburg, Bad Kissingen, Maßbach.

🛏 „Fränkischer Hof", Veit-Stoß-Str. 7.

🍴 „Winkelmann", Marktplatz 13; „Hellmig", Meininger Str. 1.

⛺ Jörgentorstr. 19. – 🔲. 🚐.

Man kann nun nordwärts auf der B 19 direkt nach Bad Neustadt zurückkehren oder man macht einen kleinen Umweg nach Westen. Eine Landstraße führt hier, vorbei am 404 m hohen Michelsberg mit der Ruine der Michaelskirche, nach Reichenbach (1976 unterfränkischer Sieger im Wettbewerb „Unser Dorf soll schöner werden"). Von dort geht es weiter in nordöstlicher Richtung nach Burglauer, in dessen Pfarrkirche eine schöne spätgotische Madonna zu sehen ist. Der Lauer folgend erreicht man über Niederlauer wieder den Ausgangspunkt der Route, Bad Neustadt an der Saale, 60 km.

Route 11: Bischofsheim an der Rhön – Hochrhönstraße – Schwarzes Moor – Fladungen – Ostheim vor der Rhön – Mellrichstadt – Unsleben – Bad Neustadt an der Saale – Bischofsheim an der Rhön, 74 km

Diese Route erschließt den nordöstlichen Teil der Rhön. Landschaftliche Schönheiten wechseln ab mit historischen Sehenswürdigkeiten. Ausgangspunkt ist

Bischofsheim an der Rhön (440 m; 4600 Einw.), das zu den wichtigsten Zentren der Rhön gehört. Es liegt im Tal der Brend, die bei Neustadt in die Fränkische Saale mündet, und wird von hohen Bergmassiven geschützt, die die alte Stadt mit ihren gut erhaltenen Befestigungsmauern wie Wächter umstehen: etwa der *Kreuzberg* (928 m) im Süden, der *Arnsberg* (843 m) im Westen und der *Himmeldunkberg* (894 m) im Nordwesten. Bischofsheim ist staatlich anerkannter Erholungsort und Wintersportplatz.

Der alte *Marktplatz* der Stadt mit seinen Natursteinhäusern und dem barocken *Marktbrunnen* (ein Erzeugnis der hier einst heimischen Eisengießerei) bietet ein hübsches Ensemble. Beim Rathaus ist noch der *Nerbelstein* erhalten, ein altes Kornmaß. Die katholische *Stadtpfarrkirche* wurde 1610 unter Fürstbischof Julius Echter von Mespelbrunn als dreischiffige Basilika vollendet. Wertvolle Renaissancearbeiten sind Kanzel und Taufstein. Gegenüber der Kirche steht der fünfstökkige *Zehntturm* aus dem Jahre 1586, das Wahrzeichen der Stadt. Das *Amtsgerichtsgebäude* war einst ein Adelssitz. Ein schöner Fachwerkbau ist das *Mesmerhaus*.

In Bischofsheim laden auch die 125 Jahre alte *Holzschnitzerschule* und die *Töpferei und Bildhauerei Warrings* an der Neustädter Straße zum Besuch ein (Voranmeldung erforderlich). Im Stadtteil Haselbach bietet das *Haus des Gastes* mit Bücherei, Fernsehzimmer, Kegelbahn, Trimmraum und anderem angenehmen Aufenthalt bei Mußestunden.

Zahlreiche Wanderwege führen von Bischofsheim aus in die umliegende Bergwelt. Über den *Kreuzberg,* den „heiligen Berg der Franken", wurde bereits in Route 8 berichtet.

Für den Wintersport stehen zwei Sprungschanzen, zehn Lifte und eine große Zahl gespurter Langlaufloipen zur Verfügung. Am Rothhanglift gibt es sogar eine Flutlichtanlage. Der Ortsteil Haselbach, zwischen Bischofsheim und Kreuzberg, bietet eine 1015 m lange Rodelbahn mit 180 m Höhenunterschied.

🛈 Verkehrsverein, Rathaus, 8743 Bischofsheim an der Rhön, Tel. (0 97 72) 2 55.

↔ Strecke Bischofsheim – Bad Neustadt.

🚌 Fulda, Bad Kissingen, Bad Neustadt, Bad Brückenau.

🏨 „Adler", Ludwigstr. 28; „Berggasthaus Rhönhäuschen", 5 km nordwestlich.

🛏 „Rhönlust", Schwedenstr. 2; „Hansen-Mühle", Hauptstr. 59 (Ortsteil Frankenheim).

△ Am Bauersberg. – △ Am Schwimmbad und Jugendzeltplatz.

🏕 und ⛺ in Bischofsheim und im Ortsteil Haselbach.

Man folgt nun in nördlicher Richtung der *Hochrhönstraße* und passiert rechts auf halber Höhe den *Bauersberg,* in dessen stillgelegtem Braunkohlenbergwerk der erste geologische Naturlehrpfad Europas angelegt ist. Links scheint zwischen dunklen Fichten der *Rothsee* auf, da man nun mit dem Boot fahren kann. Ein Wanderweg führt von hier aus zum Ausflugslokal *Holzberghof.*

Die Hochrhönstraße zieht durch die „Lange Rhön", das Herzstück der ganzen Rhön. Bald zweigt rechts eine Straße ab, die zum Erholungsgebiet *Steinernes Haus* (3 km) führt. In einem ehemaligen Basaltsteinbruch hat sich ein Kratersee gebildet, auf dem man im Sommer paddeln und schwimmen, im Winter Schlittschuh laufen kann. In seinem Umkreis hat der Verband „Naturpark Rhön" eine großzügige Erholungsanlage geschaffen mit Parkplätzen, Grillstellen, Spielplätzen und anderem.

Weiter auf der Hochrhönstraße sieht man linker Hand am Hang des Heidelsteins ein großes Ehrenmal des Rhönklubs. Der 926 m hohe *Heidelstein* selbst trägt eine 120 m hohe Fernsehantenne auf seinem Gipfel. Rechts führen Abstecher zum *Gangolfberg* (737 m; mit Burgruine), zur *Thüringer Hütte* und zur aussichtsreichen *Rother Kuppe* (711 m). Links passiert man den 902 m hohen *Stirnberg* mit seinem Segelfluggelände.

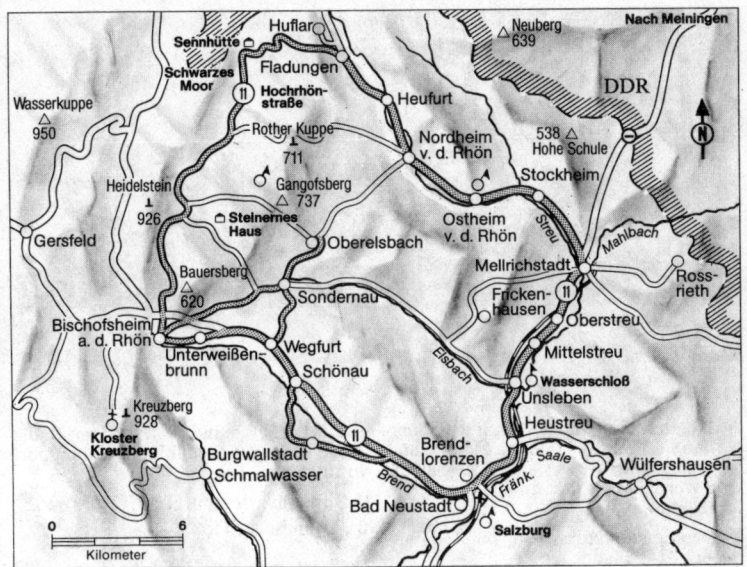

Danach beginnt das *Schwarze Moor*, das größte der Rhön-Hochmoore. Das ganze Moor steht unter Naturschutz und bietet eine Fülle seltener Pflanzen und Tiere. Ein 3 km langer Knüppeldamm gibt die Möglichkeit, dieses Moor zu erwandern und bis an die dunklen Mooraugen heranzugehen, die man freilich weder betreten noch zum Baden benutzen darf. Am Dreiländereck am Ende des Moores treffen Bayern, Hessen und Thüringen zusammen. Auch Thüringen hat einen bedeutenden Anteil an der Rhön. Der offizielle Grenzübergang (nur mit Visum der DDR) ist bei Eußenhausen.

Von der Hochrhönstraße aus, die am Ausflugslokal *Sennhütte* vorbeiführt, erlebt man ein Stück unbarmherziger deutscher Wirklichkeit: eine Grenze mit Stacheldraht, Todesstreifen und Wachttürmen. Wer die ganze Trostlosigkeit dieser Willkürgrenze mitten durch Deutschland spüren will, der biege in Fladungen nordwärts in die B 285 ein und dann auf eine Nebenstraße zum Dorf *Huflar*. Von dort führt links ein Feldweg auf eine Anhöhe, von der aus man einen guten Blick auf den Grenzstreifen hat und darüber hinaus bis zum 663 m hohen *Stellberg*, der jenseits der Grenze aufragt.

. **Fladungen** (416 m; 2300 Einw.), 25 km, am Oberlauf der Streu zeigt noch ein mittelalterliches Gesicht mit Fachwerk-

häusern fränkischer und thüringischer Art, Befestigungsmauer und -türmen. Bereits 789 in einer fuldaischen Urkunde erwähnt, erhielt es 1335 Stadtrechte. Lange Zeit war es ein wirtschaftliches und kulturelles Zentrum der östlichen Rhön, bis die Teilung Deutschlands es seines thüringischen Hinterlandes beraubte. Um so mehr bemüht sich die Stadt heute um den Fremdenverkehr, wovon das Haus des Gastes, das beheizte Schwimmbad und andere Einrichtungen zeugen.

Besonders schöne Fachwerkensembles finden sich am *Marktplatz* und an der *oberen Mühle*. Interessant sind auch die alten Stadttürme. Besonders zu beachten sind der *Vexierturm*, der von jeder Seite anders aussieht, und der *Maulaffenturm*, der seinen Namen einem steinernen Maulaffen verdankt. Die *Stadtpfarrkirche* mit ihrer reizvollen Barockausstattung verdient einen Besuch. Eindrucksvoll ist die Madonna auf dem Hochaltar.

Weit über die Grenzen der Rhön hinaus geht der Ruf des Fladunger *Rhönmuseums*. Es ist in der alten Zehnt, einem ehemaligen Gerichtsgebäude, untergebracht, das heute auch als „Haus des Gastes", Informationsstelle für Grenzbesucher und Verkehrsamt dient. Das Museum besitzt reiche Sammlungen zur Volkskunde und Kultur der gesamten Rhön. Besondere Beachtung verdienen

Ostheim vor der Rhön: Kirchenburg

die Keramiksammlungen. Weitere Glanzpunkte sind bemalte Truhen, Figuren und Masken sowie eine umfangreiche Sammlung von Tieren, Pflanzen und Gesteinen der Rhön.

🛈 Fremdenverkehrsverein, im Zehntgebäude, 8741 Fladungen.

⏻ Mellrichstadt, Bad Neustadt a. d. S.

🚌 Bad Neustadt a. d. S., Bad Kissingen.

🏨 „Goldener Adler", Obere Pforte 1; Café-Pension „Sonnentau", Wurmberg 1.

⌂ „Zum Löwen", Dr.-Höffling-Str. 2. ⚠, ⌂.

Man verläßt Fladungen in südöstlicher Richtung auf der B 285 und erblickt auf dem Hammelsberg, westlich der Straße, die *Gangolfskapelle,* die unter Fürstbischof Julius Echter entstand.

Die Route folgt dem Tal der Streu und führt zunächst an *Heufurt* vorbei. Kurz vor Nordheim sieht man östlich der Straße die auf Grund eines Pestgelübdes erbaute *Sebastianskapelle* (.7. Jh.).

Nordheim vor der Rhön (340 m; 1250 Einw.), 31 km, umgibt noch eine gut erhaltene mittelalterliche *Befestigungsmauer.* Hauptanziehungspunkt des Ortes ist die schön gelegene *Wehrkirche,* zusammen mit Fachwerkhaus und Treppenaufgang ein beliebtes Fotomotiv. Auch die dreibogige steinerne *Streubrücke,* das alte *Zehntgebäude, Gelbes* und *Weißes Schloß* derer von Tann, die mehr als sieben Jahrhunderte hier ansässig waren, und eine Reihe von *Fachwerkhäusern* fränkischer Prägung machen einen Spaziergang durch den kleinen Ort lohnend.

Nordheim ist seit langer Zeit Treffpunkt der Modellflugfreunde, die an den Hängen der näheren und weiteren Umgebung ideale Bedingungen für ihren Hobbysport vorfinden.

🛈 Bürgermeisteramt, Tel. (0 97 54) 2 52.

⌂ „Fränkischer Hof".

Ostheim vor der Rhön (292 m; 3700 Einw.), 35 km, das man bald darauf im Tal der Streu erreicht, wird im Norden von der Lichtenburg (482 m) überragt. Der Ort wird wegen seines mittelalterlichen Stadtbildes als das „Rothenburg der Rhön" bezeichnet. Ostheim besitzt die größte und schönste *Kirchenburg Deutschlands aus der ersten Hälfte des 15. Jahrhunderts. Die innere Befestigungsmauer mit vier Ecktürmen umschließt die spätgotische Kirche, in der vor allem Barockkanzel und -orgel sowie zahlreiche Epitaphe sehenswert sind. Führungen durch die Kirchenburg sind beim evangelischen Pfarramt zu vereinbaren.

Im sogenannten *Schlößchen* unterhalb der Kirchenburg ist heute das Verkehrsamt untergebracht. An der Marktstraße, mitten im Ort, steht das alte *Fachwerk-Rathaus. Die Gerberhäuser* an der Streu rufen Erinnerungen an Bambergs „Klein-Venedig" wach.

Eine Straße führt vom Ort hinauf zur *Ruine Lichtenburg.* Sie entstand im 12. Jahrhundert und erlebte eine wechselvolle Geschichte. Die Grafen von Henneberg, die Bischöfe von Würzburg, die Äbte von Fulda, die Großherzöge von Sachsen–Weimar–Eisenach zählten zu ihren Besitzern. Weit geht der Blick vom erhalten gebliebenen Bergfried über das Streutal, bis hin zum Kreuzberg der Rhön im Südwesten und zum Inselsberg des Thüringer Waldes im Nordosten.

Ostheim war bis 1945 thüringische Enklave. Nach dem Zweiten Weltkrieg wurde es zur zweiten Heimat der vertriebenen Thüringer, deren Landsmannschaften sich hier regelmäßig treffen. Wie alle Orte entlang der Grenze, die durch die Teilung Deutschlands ihr eigentliches Hinterland verloren, hat Ostheim sich stark im Fremdenverkehr engagiert. Neben 80 km markierter Wanderwege gehören Tennishalle, Reitgelegenheit für Kinder und Erwachsene, Rundflüge mit Motorseglern, Modellfluggelegenheit, aber auch Kneippanlage, Bäder und Massagen zum Angebot für den Gast.

🛈 Fremdenverkehrsverein, im Schlößchen, 8745 Ostheim v. d. Rhön, Tel. (0 97 52) 3 35 und 18 50; Stadtverwaltung, Tel. (0 97 52) 7 08.

🚌 Mellrichstadt, Bad Neustadt a. d. S.

🚎 Mellrichstadt, Fladungen.

🛏 „Gasthaus Kaak", Burgstr.; „Deutsches Haus", Bahnhofstr. 2; „Sir Henry", Am rauhen Stein 4 (mit 🖂). – 🚌.

Weiter streuabwärts führt die Route vorbei an *Stockheim*, dessen Zehntscheuer und Befestigungsmauer mit Wehrtürmen einen kurzen Aufenthalt lohnen. Bei Mellrichstadt mündet die B 285 in die B 19.

Wer ein Visum für die DDR besitzt und einen Abstecher in den anderen Teil Deutschlands machen möchte, fährt nordwärts weiter zur Grenzübergangsstelle *Eußenhausen/Meiningen* (7 km) und kommt bald nach *Meiningen* (19 km), der alten Residenz der Herzöge von Sachsen–Meiningen.

Unsere Route biegt jedoch südwärts in die B 19 ein und führt nach

Mellrichstadt (271 m; 6500 Einw.), 42 km. Hier mündet der Mahlbach in die Streu. Der mittelalterliche *Mauerring* der Stadt aus dem 14. Jahrhundert ist noch vollständig erhalten. Er markiert deutlich die Lage des alten Stadtkerns auf einem flachen Geländesporn zwischen Streu und Mahlbach.

Südlich der Pfarrkirche St. Kilian liegt die Keimzelle der Stadt, der ehemalige Königshof, heute *Frohnhof* genannt. Streuabwärts errichteten die Grafen von Henneberg eine Wasserburg. Zwischen Königshof und Burg entstand im 13. Jahrhundert die Stadt, die gleich Marktrecht besaß.

Bei Ausgrabungen in der *St.-Kilianskirche* fand man 1969 über spärlichen Siedlungsresten aus der Hallstatt- und Latène-

zeit Zeugnisse von drei Vorgängerkirchen. Die älteste dürfte eine Martinskirche des damaligen „Madalrichesstat" gewesen sein. Große Teile des Kirchenbaus des 13. und 14. Jahrhunderts wurden 1496 durch einen Brand zerstört. 1716 wurde die heutige dreischiffige Hallenkirche geweiht.

Im Innern sind vor allem sehenswert: der spätromanische Taufstein beim südlichen Seiteneingang, das gotische Sakramentshaus, die Holzplastik der heiligen Maria (um 1480), das 1969 entdeckte Fragment eines gotischen Wandgemäldes (es stellt die Marter der 10 000 Christen dar) am linken Chorbogenpfeiler, der Renaissance-Taufstein von 1626 und der darüber hängende Bronzekronleuchter mit kleiner Madonna in der Taufkapelle. Von den ursprünglich sechs Altären blieben drei erhalten: der 1722 errichtete Hochaltar mit einem Gemälde von Johann Melchior Schaffer „Martyrium der Frankenapostel Kilian, Kolonat und Totnan" und Figurenschmuck von Martin Hartmann aus Fladungen sowie die beiden Seitenaltäre, der Altar der Rosenkranzbruderschaft (links) und der Annenaltar (rechts). Die geschnitzten Wangen der Kniebänke stammen aus dem Jahre 1715. Die Orgel von 1711 schuf Adam Philipp Schleich aus Bamberg, ihr Gehäuse mit reichem Akanthusdekor fertigte Albert Homberg. Auch die zahlreichen Grabsteine in der Kirche verdienen Beachtung.

Die *Spitalkirche*, gegenüber dem ehemaligen Schloß, wurde 1356 erbaut. 1585 und 1612 wurde sie erneuert. Sie ist ein einfacher rechteckiger Bau mit Flachdecke, deren Stirnseiten nur durch je drei gotische Fenster gegliedert werden. Der Altar mit baldachinartigem Aufbau besitzt eine Kreuzigungsgruppe von 1760. Wertvoll sind drei sehr gute Holzfiguren aus der zweiten Hälfte des 15. Jahrhunderts in der Kapelle: die Büste eines Bischofs (ehemals Reliquiar, wie an der Öffnung der Brust zu sehen ist, um 1460), ferner Christus als Auferstandener (um 1480) und die besonders schöne Gruppe von zwei Diakonen.

Die *Marienkapelle* auf dem Großenberg, im heutigen Stadtpark vor der alten Befestigungsmauer, wurde 1494 erstmals erwähnt. Ein barocker Kreuzträger in einer Felsnische bei einer Quelle, die neugotische Kreuzigungsgruppe am Fuß des Kapellenhügels, das Kriegerdenkniskreuz und die Gefallenen-Gedenkstätte (ursprünglich Schutzengelkapelle, 1695) kennzeichnen den Bereich der Kapelle als „heiligen Bezirk".

Die Kapelle selbst ist ein schlichter Bau mit Holztonnengewölbe, der seine heutige Gestalt bei einer Renovierung in den Jahren 1611–1618 erhielt. Beachtenswert ist die Innenausstattung: der Hauptaltar mit Bildwerken und einer Pietà als Schreinfigur, die im gleichen Stil gehaltenen Seitenaltäre, alle mit Bild- und Schnitzwerk reich geschmückt.

Das Straßenbild von Mellrichstadt hat durch zahlreiche Neubauten manches an Charme eingebüßt. Doch gibt es am Markt und an der Streu noch reizvolle alte Ensembles, zu denen auch das *Wasserschloß* mit dem *Pulverturm* gehört. Von den alten Türmen der Stadtbefestigung blieb nur der *Bürgerturm* (später renoviert) erhalten. Er diente lange Zeit als Gefängnis.

Das Fremdenverkehrsangebot ist breit gefächert. Dazu gehören Wellen-Freibad, Hallenbad, Solarium und Massageeinrichtungen, markierte Wanderwege sowie die Möglichkeit zu Segelrundflügen.

Zu Mellrichstadt gehört auch das 7 km südwestlich gelegene *Frickenhausen* am unterirdisch gespeisten und abfließenden *Frickenhäuser See*, dem größten Natursee Unterfrankens, der im Sommer ein beliebtes Paddlerrevier ist.

Ebenfalls nach Mellrichstadt eingemeindet wurde das westlich, direkt an der Grenze gelegene *Rossrieht*. Seine Kirche, deren ältester Teil aus dem Jahre 1527 stammt, weist interessante Grabmäler der Familie von Thüngen auf. Eine Besichtigung der Wasserburg, die Ende des 16. Jahrhunderts auf den Fundamenten einer älteren Anlage erbaut wurde, ist nicht möglich.

🄸 Verwaltungsgemeinschaft Mellrichstadt, Hauptstr. 4, 8744 Mellrichstadt, Tel. (0 97 76) 4 15 und 2 27.

⇔ Fladungen, Bad Neustadt a. d. S., Schweinfurt.

🚑 Bad Neustadt a. d. S., Bad Kissingen u. a.

🏨 „Sturm", Ignaz-Reder-Str. 3.

🏨 „Riedel", Hauptstr. 25.

🏨 „Zum goldenen Roß", Hauptstr. 49.

🏊 und ⇔ (Wellenbad).

Die Route folgt nun der B 19 in Richtung Neustadt an der Saale. Sie berührt zunächst *Oberstreu* mit gut erhaltenen Gaden um die Kirche und führt dann über *Mittelstreu* nach

Unsleben (250 m; 1000 Einw.), 48 km, dessen altes *Wasserschloß* (Besichtigung

nur ausnahmsweise nach vorheriger Vereinbarung möglich) sich seit 1779 im Besitz der Herren von Habermann befindet. Hugo von Habermann (1849–1927) nahm unter den Porträtisten seiner Zeit einen der ersten Plätze ein. Der berühmten Münchner Künstlersezession präsidierte er von 1880 bis zu seinem Tode.

In *Heustreu* mündet die B 279 in die B 19 ein. Bei der Weiterfahrt empfiehlt sich in *Brendlorenzen* ein Besuch der Martinskirche. Sie zählt zu den ältesten erhaltenen Kirchen Deutschlands mit Bauteilen aus karolingischer Zeit. Auch die Laurentiuskapelle und eine Reihe stattlicher Höfe sind hier sehenswert.

Bad Neustadt an der Saale, 55 km, wird in Route 10 ausführlich beschrieben.

Man folgt nun der B 279 westwärts. Bald führt links ein Abstecher nach *Burgwallbach*, einem staatlich anerkannten Erholungsort im Salzforst mit Waldsee und Kneippanlagen.

Schönau (331 m; 1250 Einw.), 66 km, an der B 279 ehrt Otto Feick, der hier das Rhönrad erfand, ein inzwischen etwas aus der Mode gekommenes Sportgerät, durch einen *Rhönradbrunnen*. Auf einer Anhöhe steht eine sehenswerte *Bergkirche*, umgeben von einem Friedhof.

Weiter brendaufwärts liegt *Wegfurt* mit Pfarrkirche und Juliusturm. Von hier aus sollte man einen Abstecher nach **Oberelsbach** (7 km) unternehmen, das am Fuße des 737 m hohen Gangolfsberges liegt. Der Marktflecken ist ein altes Kulturzentrum zwischen Nordheim im Nordosten und Bischofsheim im Südwesten. In einem alten Steinhaus unterhalb der als *Rhönbasilika* bezeichneten barocken Pfarrkirche wurde 1682 der Komponist *Valentin Rathgeber* geboren, ein Freund Johann Sebastian Bachs. Seine Werke werden alljährlich in der Pfarrkirche aufgeführt. In Oberelsbach hat sich aber auch die alte perlenbestickte *Rhöntracht* erhalten, die sonst fast überall ausgestorben ist. In der Gemarkung liegt das *Naturschutzgebiet Gangolfsberg* mit seiner seltenen Pflanzenwelt, zu der Frauenschuh und Seidelbast gehören. Der Wildbach Els rauscht über große Basaltblöcke hinweg durch dieses Laubwaldgebiet, in dem fast alle europäischen Edellaubhölzer heimisch sind. Von Oberelsbach aus kann man über *Sondernau* und *Weisbach* direkt nach Bischofsheim fahren.

Von Wegfurt aus geht es über *Unterweißenbrunn* zurück nach *Bischofsheim*, 74 km.

Route 12: Fulda – Poppenhausen – Abtsroda (– Wasserkuppe) – Dietges – Batten – Hilders – Tann – Dörmbach – Milseburg – Langenbieber – Dipperz – Fulda bzw. Langenbieber – Hünfeld – Fulda, 79 km bzw. 114 km

Diese Route erschließt den *Naturpark Hessische Rhön*.

Ausgangspunkt ist die alte Bischofsstadt *Fulda* (s. Seite 17 f.). Man verläßt die Stadt in südöstlicher Richtung über *Dirlos* und *Dietershausen*. *Weyhers* im Lüttertal mit dem ehemaligen Schloß der Herren von Ebersberg (jetzt Gasthaus) gehört schon zu

Ebersburg (350 m; 3750 Einw.), 12 km, mit seinen verschiedenen Ortsteilen ein beliebter einfacher Erholungsort für Rhönwanderer. Zum touristischen Angebot gehören Tennis, Reiten und Kutschfahrten.

🛈 Gemeindeverwaltung, Schulstr. 3, 6411 Ebersburg–Weyers, Tel. (0 66 56) 10 54.

🚐 Fulda, Bad Brückenau, Gersfeld.

🏨 „Rhönhotel Alte Mühle".

Poppenhausen (450 m; 2500 Einw.), 17 km, das man weiter talaufwärts erreicht, ist einer der zentralen Urlaubsorte der Hochrhön, besucht als Sommerfrische und Wintersportplatz. Hier dreht sich alles um den Fremdenverkehr. Ein beheiztes Freibad, Hallenbäder in verschiedenen Hotels, Kneippeinrichtungen, Reitgelegenheit, Kutschfahrten und mehrtägige Planwagenfahrten bieten neben abendlichen Folkloreveranstaltungen Abwechslung für den Gast. Rhönwanderwochen, „Wandern ohne Gepäck" und alpines Klettern an der 647 m hohen *Steinwand* runden das Programm ab.

🛈 Verkehrsamt, Von-Steinrück-Platz 1, 6416 Poppenhausen (Wasserkuppe), Tel. (0 66 58) 2 62.

🚐 Fulda; sonntags zur Wasserkuppe.

🏨 „Rhönhotel Sinai", im Ortsteil Rodholz (Ozon-🛏); „Hof Wasserkuppe" (🛏).

🏨 „Berghotel Rhöndistel", im Ortsteil Rodholz; „Zum Hirsch" (🛏); „Zum Stern" (mit Gästehaus „Elisabeth").

🏠 „Zum Adler", „Zur Sonne", „Zum Wachtküppel", im Ortsteil Wachtküppel.

🏕 im oberen Lüttertal.

Neben einem Ausflug zur 950 m hohen *Wasserkuppe* (s. Route 8) empfiehlt sich von Poppenhausen aus vor allem ein 5 km

langer Abstecher zur *Burgruine Ebersburg* (689 m), die man über eine Abzweigung der Straße Poppenhausen–Gersfeld erreicht. Die in staufischer Zeit errichtete Burg, einst Sitz der Ebersberger, wurde 1271 zerstört und 1396 neu errichtet. Um 1460 wurde sie abermals zerstört und verfiel allmählich. Erhalten blieb der Bergfried, den man auch heute noch besteigen kann. Von ihm aus bietet sich eine herrliche Rundsicht auf die Hochrhön mit Wasserkuppe, Eube und Pferdskopf.

Unsere Route führt von Poppenhausen aus weiter über *Sieblos* nach *Abtsroda*, heute Ortsteil von Poppenhausen, das unmittelbar am Fuß der *Wasserkuppe* liegt und von wo aus eine Straße auf diesen höchsten Berg der Rhön (950 m) führt.

Bei *Dietges* mündet die Route in die B 458 ein und folgt ihr, am Brandbach entlang, über *Brand* und *Wickers* ins Tal der Ulster. Auf der B 278 geht es nun in nördlicher Richtung weiter über *Batten* nach

Hilders (460 m; 4700 Einw.), 33 km, einem staatlich anerkannten Luftkurort. Sein Gemeindegebiet reicht von *Dietges* im Brandbachtal bis *Simmershausen* an der Grenze zur DDR. Der Erholungsuchende findet in Hilders ein modernes Gemeindezentrum mit großer Bäderabteilung unter ärztlicher Aufsicht. Kneippbad, Hallenbad und Schrothkuren wie auch Sport- und Freizeiteinrichtungen aller Art ergänzen das Angebot. In der Gemeindehalle finden regelmäßig Theateraufführungen und Konzerte statt. Der neue Kurpark *Am Buchwäldchen* und der *Heidepark* bieten Spazierwege. Folklore wird in Heimat- und Trachtenabenden gepflegt und gipfelt im alljährlich stattfindenden *Heimatfest* in der zweiten Augustwoche. Außerdem ist Hilders Ausgangspunkt für Wanderungen in alle Teile der Hochrhön.

Vom Ortsteil *Battenstein* aus gelangt man auf den 745 m hohen *Buchschirm* (4 km), auf dessen Gipfel sich ein Aussichtsturm mit Orientierungstafel befindet. Weit schweift der Blick ins obere Ulstertal, auf die Hessische Rhön und hinüber nach Thüringen.

🛈 Verkehrsamt, Kirchstr. 2, Postfach 1220, 6414 Hilders, Tel. (0 66 81) 6 51.

⚓ Fulda, Ehrenberg-Seiferts, Tann.

🚆 Fulda, Tann, Gersfeld.

🏨 „Romantik-Hotel Engel", Marktstr. 12.

🏨 „Deutsches Haus", Marktstr. 21; „Hohmann", Obertor. 2.

🏠 „Zur Sonne", Marktstr. 14; „Ulsterblick", Stieler Str. 20.

⚠ in Hilders und im Ortsteil Oberbernhards.

🅰 Hilders „Im Bärenloch", Eckweisbach, Zelt- und Freizeitlager Buchschirm.

🏤 im Gemeindezentrum.

♨ am Heidepark.

Im Ulstertal aufwärts kommt man nun an der *Ruine Auersburg* vorbei, die sich auf einer dem 757 m hohen *Auersberg* vorgelagerten Höhe erhebt. Von dort aus genießt man eine herrliche Aussicht ins Ulstertal, zur Milseburg und zur Wasserkuppe. Neben der Ruine beginnt ein interessanter Waldlehrpfad.

Weiter geht es auf der B 278 im landschaftlich reizvollen Ulstertal nordwärts. *Lahrbach* mit seiner gut erhaltenen Wehrkirche lohnt ein kurzer Aufenthalt.

Tann (390 m; 5050 Einw.), 43 km, ist Luftkurort. Man gelangt in die Stadt durch ein altes *Renaissancetor* aus dem Jahre 1557 mit zwei von Schieferhauben gekrönten flankierenden Rundtürmen und kommt bald auf den von der neugotischen *Stadtpfarrkirche* (Chorfenster mit Luther und seinem Freund Eberhard von der Tann) und anheimelnden Fachwerk- und Steinbauten gesäumten, stark abfallenden *Marktplatz* mit dem schlichten Marktbrunnen aus dem 18. Jahrhundert und dem Denkmal des bayerischen Generals Ludwig von und zu der Tann-Rathsamhausen. Ein besonderes Kleinod ist das *Elf-Apostel-Haus* aus dem 15. Jahrhundert mit seinen kostbaren Schnitzereien.

Die schmale Schloßgasse führt hinunter zum Schloßkomplex der Reichsfreiherren von und zu der Tann-Rathsamhausen: dem *Roten*, *Blauen* (beide 16. Jh.) und *Gelben Schloß* (1714), vor dem ein schöner barocker Delphinbrunnen plätschert. Der Ahnensaal des Gelben Schlosses bewahrt 150 Porträts derer von und zu der Tann (darunter Gemälde von Lucas Cranach d. J., Tischbein und Lenbach). Auskunft über Besichtigungsmöglichkeiten erteilt das Städtische Verkehrsbüro.

Eine kulturgeschichtliche Sehenswürdigkeit besitzt Tann in seinem *Rhöner Museumsdorf*, gleich neben dem Schloß. Dieses Freilichtmuseum umfaßt drei alte Rhöner Bauernhäuser, die hier in ihrer originalen Gestalt wiederaufgebaut und stilecht eingerichtet wurden. Kurz vor dem Eingang zum Museumsdorf steht eine alte Schmiede.

Einen Besuch verdient auch die aus dem 16. Jahrhundert stammende *Nikolauskirche* mit barocker Innenausstattung und zahlreichen Grabdenkmälern.

Dem Feriengast bietet Tann gepflegte Parks und Grünanlagen, Stadtbücherei und Lesehalle sowie Gelegenheit zu Kneippanwendungen zur Kräftigung der Gesundheit. Die *Rhönhalle* ist Schauplatz eines bunten Unterhaltungsprogramms,

Tann: Renaissancetor

zu dem auch Folklore gehört. Seit 1968 findet alljährlich der *Tanner Musiksommer* statt mit Musik vom späten Mittelalter bis zur Neuzeit.

🅸 Verkehrsbüro, im Rathaus, 6413 Tann, Tel. (0 66 82) 80 11.

⚓ Nächste Bahnstation Hilders (10 km).

🚆 Fulda, Bad Kissingen.

🏨 „Zur Linde", Ostlandstr. 14 (🏤).

🏨 „Berghotel Silberdistel", Bergstr. 10.

🏠 „Zur Rhön", Marktplatz 12.

♨ (beheizt) am Geriethpark.

Von Tann aus führt nun die Route zurück bis kurz vor Hilders, bei dessen Ortsteil *Aura* man das Ulstertal in westlicher Richtung verläßt. Auch *Liebhards* und *Dörmbach an der Milseburg* sind noch Ortsteile von Hilders.

Danzwiesen ist Ausgangspunkt zur 835 m hohen **Milseburg,** dem eindrucksvollsten Berg der Rhön, einem pyramidenartigen, stark zerklüfteten Phonolithfelsen mit Resten einer *keltischen Fliehburg* und

Kreuzigungsgruppe. Weite Rundsicht bis Fulda und zur Wasserkuppe.

Kleinsassen (480 m; 500 Einw.), 61 km, Ortsteil von Hofbieber, eine kleine Sommerfrische im oberen Biebertal, war früher eine reine Malerkolonie. Sehenswert ist die *Kirche* mit Gemälden von Andreas Herrlein. Vom Ort aus kann man Wanderungen zur *Milseburg* (¾ Std.) und zur *Steinwand* (1½ Std.) mit ihren 25 m hohen Phonolithsäulen unternehmen.

Weiter geht es im Biebertal über *Schackau* mit seinem schönen ehemaligen Wasserschloß aus dem 16. Jahrhundert und an *Schloß Bieberstein* (1711–1713 an der Stelle einer mittelalterlichen Burg von Johann Dientzenhofer erbaut; ehemalige Sommerresidenz der Fuldaer Äbte, jetzt Landerziehungsheim) vorbei nach

Langenbieber (392 m; 1000 Einw.), 65 km, ebenfalls ein Ortsteil von Hofbieber und wie dieses ein beliebter Ferienort. Golfspieler finden hier im Biebergrund einen schönen Golfplatz (Golf- und Ferienparkverwaltung, 6417 Hofbieber, Tel. 0 66 57/2 51). Ansonsten bietet der Ort seinen Gästen Gelegenheit zum Reiten, Tennisspielen und zu Kutschfahrten.

🛏 (beh.) in Langenbieber

Von Langenbieber aus kann man nun über *Dipperz*, wo man die B 458 erreicht, nach *Fulda*, 79 km, zurückkehren.

Wer einen Umweg nicht scheut fährt über Hünfeld. Dabei geht es zunächst über *Hofbieber* nordwärts nach *Morels*. Makkenzell mit ehemaliger Wasserburg (jetzt Entziehungsanstalt) ist bereits Ortsteil der Stadt

Hünfeld (279 m; 14 000 Einw.), 96 km. Die katholische *Stadtpfarrkirche St. Jakobus,* ein spätgotischer Hallenbau, zeigt neben ihrer neugotischen Ausstattung noch einen alten gotischen Taufstein von 1496. Die *evangelische Pfarrkirche* war einst das Gotteshaus des Benediktiner-Chorherrenstiftes zum Heiligen Kreuz. Das Ende des 19. Jahrhunderts erbaute *Bonifatiuskloster* ist heute Exerzitienhaus und Tagungsstätte.

🛈 Stadtverwaltung Hünfeld, im Rathaus, Tel. (0 66 52) 20 72.

🛤 Fulda, Bad Hersfeld.

🚌 Fulda, Hilders, Schlitz u. a.

🏨 „Jägerhof", Niedertorstr. 9. – 🏠, 🛏.

Auf der B 27 führt die Route dann über *Marbach* mit seiner schönen Kirche zurück nach *Fulda*, 114 km.

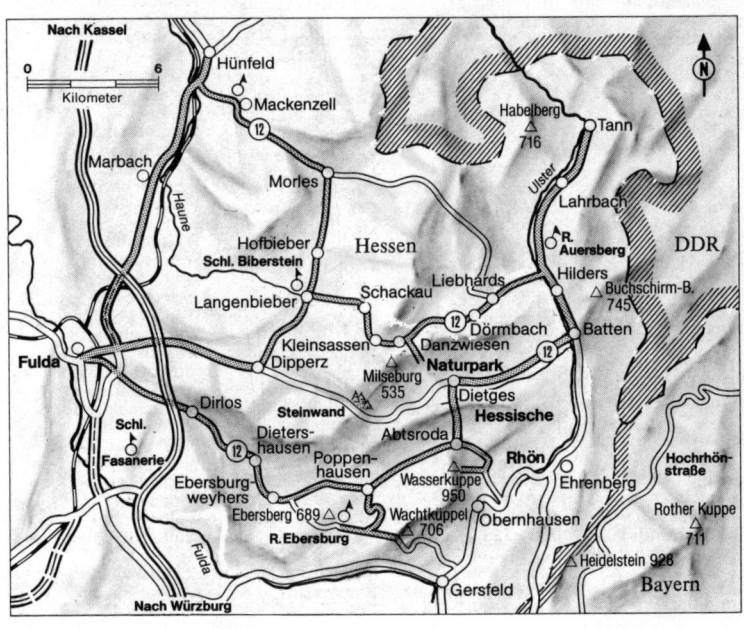

Register